L'atelier de Roxane

Ses meilleures recettes

L'atelier de Roxane

Ses meilleures recettes

SOLAR
EDITIONS

À ce plaisir que peut offrir un bon gâteau.

Roxane n'est pas juste une pâtissière, elle est aussi blogueuse ; de vidéo en vidéo, elle transmet la passion de la pâtisserie ludique, simple et généreuse.

Son look atypique de pâtissière tatouée lui donne un style de surfeuse californienne qui glisse sur de grandes vagues de chocolat.

Elle se balade de gâteau en gâteau, de tarte en tarte et parmi toutes ses merveilles sucrées pour nous faire découvrir le monde incroyable de sa pâtisserie.

Roxane fait rêver toutes les petites filles et même les plus grandes ; avec elle, tout devient simple : d'une meringue italienne pour réaliser un topping, à de délicieux personnages à croquer pour Noël. Tout est féerique, magique, voilà pourquoi j'aime l'univers de Roxane !

Roxane partage ses pâtisseries, ses techniques et nous montre que la vie c'est comme un bon gâteau au chocolat : c'est encore meilleur quand on le partage.

Norbert Tarayre

Bonjour mes gourmandises !

Et pour celles et ceux qui me découvrent, bienvenus dans mon univers sucré !

Je suis tellement heureuse de pouvoir vous retrouver ici… et pourtant rien de tout cela n'était prévisible, loin de là…

Commençons par le commencement : je m'appelle Roxane, je suis originaire de Menton (la ville du citron ^^) et heureuse maman de deux enfants : Mathys et Louane. J'ai découvert la pâtisserie récemment, en 2014, et c'est vite devenu addictif ! Je prenais énormément de plaisir à poster régulièrement des photos de mes réalisations sur les réseaux sociaux et grâce à cela j'ai eu la chance de pouvoir participer à la saison 4 de l'émission Le Meilleur Pâtissier, en 2015.

Une aventure inattendue, surprenante, enrichissante et qui n'a fait qu'accroître cette nouvelle passion ! À mon retour, je n'avais qu'une hâte : la partager !

Un beau matin, me voilà donc devant mon téléphone en train de réaliser ma première vidéo ! C'était décidé, je la posterais le lendemain sur YouTube ! Et c'est en juillet 2015 qu'est née ma chaîne YouTube, L'atelier de Roxane ! J'étais très loin de m'imaginer le nouveau virage que j'étais en train de prendre !

L'engouement pour ma chaîne fut magique et je me voyais poster de plus en plus de vidéos ! Vous qui les avez appréciées m'avez aidée à prendre confiance en moi, en ma pâtisserie ! Et nous avons créé de vrais liens d'amour, vous êtes devenus mes « gourmandises » !

Aujourd'hui, vous êtes des centaines de milliers à me suivre, à m'encourager, à me soutenir ! Grâce à vous, ma vie a changé, ma passion est devenue mon quotidien ! Un quotidien que je vis en famille, avec ma fille Louane, qui réalise des vidéos avec moi, et également avec mon mari Loïc et mon fils Mathys, qui se prêtent au jeu !

Sans vous, rien de tout cela ne serait possible ! C'est incroyable et je vous en remercie chaque jour et je le ferai encore et encore !

Ce livre est la consécration de ces deux ans d'amour et de gourmandise… Et je vous le dédie entièrement ♥

Sommaire

C'est l'heure du goûter

Barquettes au chocolat

POUR 20 BARQUETTES
PRÉPARATION : 20 MIN • CUISSON : 13 MIN • REPOS : 30 MIN

INGRÉDIENTS

Pour le biscuit

50 g de farine

50 g de sucre en poudre

2 œufs

1 cuil. à café d'arôme de vanille

Pour la garniture

100 g de chocolat au lait

MATÉRIEL

Moule à financiers

Batteur électrique ou robot

1. Préchauffe le four à 180 °C (th. 6).

2. Prépare le biscuit. Sépare les blancs et monte-les en neige à l'aide d'un batteur électrique ou au robot (de préférence au robot). Bats les jaunes avec le sucre et l'arôme de vanille jusqu'à ce que le mélange blanchisse et ajoute ensuite la farine. Incorpore délicatement les blancs en neige. Remplis les cavités d'un moule à financiers avec la pâte à gâteau et laisse cuire pendant 13 minutes. Les barquettes doivent être légèrement dorées.

3. Dès la sortie du four, forme le creux des barquettes en t'aidant du dos d'une cuillère à café, puis laisse-les refroidir avant de les démouler.

4. Prépare la garniture. Fais fondre le chocolat au lait au micro-ondes ou au bain-marie et verse-le dans les cavités des barquettes. Laissez refroidir quelques instants et régale-toi !

Nutella® maison express

POUR 1 POT DE 300 G ENVIRON
PRÉPARATION : 15 MIN • CUISSON : 5 MIN • REPOS : 4 H

INGRÉDIENTS

170 g de chocolat au lait
100 g de chocolat praliné
100 g de beurre
200 g de lait concentré sucré

MATÉRIEL

1 pot à confiture vide

1. Verse le chocolat au lait et le beurre coupé en morceaux dans une casserole et place le tout sur feu doux pour les faire fondre, sans jamais cesser de remuer.

2. Toujours sur feu doux, ajoute le lait concentré et le chocolat praliné et continue à remuer pendant 4 minutes, puis verse la préparation dans un pot ou dans un autre contenant.

3. Laisse reposer le Nutella® maison pendant 4 heures à température ambiante avant de le déguster !

Mugcake au chocolat

POUR 1 GROS MUG OU 2 PETITS
PRÉPARATION : 20 MIN • CUISSON : 1 MIN 30 • REPOS : 15 MIN

INGRÉDIENTS

Pour le gâteau

40 g de chocolat noir
40 g de beurre
1 œuf
1 cuil. à soupe de farine
1 cuil. à soupe de sucre
1/4 de cuil. à café de levure chimique

Pour la finition

1/4 de cuil. à soupe de sucre glace

MATÉRIEL

1 gros mug ou 2 petits
Micro-ondes
Fouet

1. Verse le chocolat et le beurre dans un bol et fais fondre le tout au micro-ondes. Ajoute le sucre et fouette vivement pendant 30 secondes. Laisse refroidir le tout, ajoute la farine et la levure chimique et mélange. Termine en ajoutant l'œuf et fouette de nouveau.

2. Verse l'appareil dans le mug, il doit être rempli à moitié. Cuis au micro-ondes à puissance maximale pendant 1 min 30. Si tu réalises 2 petits mugs, fais-les cuire l'un après l'autre.

3. À la sortie du micro-ondes, saupoudre le gâteau d'un peu de sucre glace et laisse-le refroidir 4 minutes avant de le déguster.

Flanby® maison

POUR 6 FLANS
PRÉPARATION : 25 MIN • CUISSON : 15 À 20 MIN • RÉFRIGÉRATION : 2 H

INGRÉDIENTS

Pour le caramel

170 g de sucre

8 cl d'eau froide

3 cl d'eau froide

Pour les flans

40 cl de lait

10 cl de crème liquide entière

50 g de sucre

1 sachet de sucre vanillé

1 sachet d'agar-agar

MATÉRIEL

Des pots de Flanby® vides

1. Prépare le caramel. Verse le sucre et l'eau froide dans une casserole et place le tout sur feu doux jusqu'à l'obtention d'un caramel légèrement ambré. Hors du feu, ajoute le grand bol d'eau chaude et remets sur feu doux pendant 1 minute. Sinon tu peux aussi utiliser du coulis caramel prêt à l'emploi ;)

2. Prépare le flan. Verse tous les ingrédients dans une casserole, mélange le tout et place sur feu doux jusqu'à ébullition.

3. Récupère les pots de Flanby® vides, verse d'abord un fond de caramel puis, délicatement, en penchant le pot pour éviter les éclaboussures, ajoute l'appareil à flan.

4. Place les pots au frais pendant 2 heures avant de déguster.

Madeleines sucettes au citron

POUR 20 MADELEINES
PRÉPARATION : 20 MIN • CUISSON : 13 MIN

INGRÉDIENTS

Pour les madeleines citron

100 g de beurre fondu

100 g de sucre

2 œufs + 1 jaune

120 g de farine

1/4 de cuil. à café de levure chimique

Les zestes de 1 citron

Pour la décoration

100 g de chocolat au lait

Des perles en sucre

MATÉRIEL

Moule à madeleines

20 bâtons de sucette

Fouet

Papier cuisson

1. Préchauffe le four à 190 °C (th. 6-7).

2. Réalise l'appareil à madeleine. Dans un bol, verse les œufs, le jaune, les zestes de citron et le sucre et fouette le tout vivement. Ajoute la farine, la levure et fouette de nouveau. Termine avec le beurre fondu. Verse la pâte dans les cavités du moule à madeleines. Si celui-ci n'est pas en silicone, tu devras le beurrer légèrement. Mets le tout au four pour 13 minutes.

3. Réalise la décoration. Fais fondre le chocolat au lait au micro-ondes ou au bain-marie et trempe les madeleines à moitié. Saupoudre la partie chocolatée de perles en sucre.

4. Place les madeleines sur un papier cuisson et laisse le chocolat figer à température ambiante. Plante les bâtons de sucette dans les madeleines et régale-toi !

Pancakes sans gluten

POUR 15 PANCAKES
PRÉPARATION : 10 MIN • CUISSON : 1 H

INGRÉDIENTS

Pour les pancakes

260 g de farine sans gluten

40 g de sucre

20 g de poudre d'amandes

2 œufs

30 cl de lait

8 g de levure sans gluten

Pour la cuisson

Du beurre ou de l'huile neutre

MATÉRIEL

Poêle à crêpes

Fouet

1. Prépare la pâte à pancakes. Dans un bol, casse les œufs et fouette-les. Ajoute le lait, le sucre et la poudre d'amandes. Incorpore petit à petit la farine et termine avec la levure.

2. Graisse la poêle avec une noisette de beurre ou de l'huile neutre, puis verse une louche de pâte dans la poêle chaude. Quand la pâte fait des bulles, retourne le pancake et laisse-le cuire encore 2 minutes. Dépose-le dans une assiette, verse une autre louche de pâte dans la poêle et ainsi de suite.

3. Il ne te reste plus qu'à manger les pancakes avec l'accompagnement de ton choix : du Nutella® maison, de la confiture, des fruits, du sirop d'érable…

Brookie
Brownie & Cookie

POUR 12 PERSONNES
PRÉPARATION : 25 MIN • CUISSON : 22 MIN

INGRÉDIENTS

Pour le brownie

125 g de chocolat noir
120 g de sucre
75 g de farine
75 g de beurre (+ un peu pour le moule)
50 g de noix de pécan
2 œufs

Pour le cookie

155 g de farine
120 g de sucre roux
120 g de pépites de chocolat
100 g de beurre mou
1 œuf
1 cuil. à café de levure chimique

MATÉRIEL

Moule carré de 15 cm
Fouet

1. Prépare le brownie. Verse le chocolat et le beurre dans un bol et fais-les fondre au micro-ondes ou au bain-marie. Dans un second bol, fouette les œufs et le sucre, puis ajoute la farine. Incorpore le chocolat et le beurre fondus, mélange et termine avec les noix de pécan. Verse la pâte dans le moule beurré et réserve-le.

2. Préchauffe le four à 180 °C (th. 6).

3. Prépare la pâte à cookies. Dans un bol, verse le beurre mou et le sucre roux, puis fouette le tout jusqu'à ce que le mélange devienne bien mousseux. Ajoute ensuite l'œuf en mélangeant au fouet, puis la farine et la levure en travaillant la pâte à la main ou à l'aide d'une maryse. Termine en ajoutant les pépites de chocolat.

4. Recouvre l'appareil à brownie avec des petits morceaux de pâte à cookies. On ne doit plus voir le brownie ! Place le tout au four pendant 22 minutes, puis laisse refroidir avant de démouler.

Donuts au four

POUR 20 DONUTS
PRÉPARATION : 30 MIN • REPOS : 3 H • CUISSON : 9 MIN

INGRÉDIENTS

Pour la pâte à donuts

500 g de farine (+ un peu pour le plan de travail)

60 g de sucre

55 g de beurre

22 cl de lait

2 œufs battus

1 jaune (pour la dorure)

1 sachet de levure boulangère

1 pincée de sel

Pour le glaçage

200 g de chocolat noir

15 g de beurre

Des perles de sucre (ou des vermicelles)

MATÉRIEL

Emporte-pièce rond de 10 cm de diamètre

Emporte-pièce rond de 3 cm de diamètre

Robot

Papier cuisson

Pinceau à pâtisserie

1. Prépare la pâte à donuts. Dans un bol, verse le lait et le beurre et fais-les fondre au micro-ondes ou au bain-marie. Ajoute la levure boulangère, mélange légèrement et laisse reposer 10 minutes. Dans le bol du robot, verse la farine, le sucre, le sel, les œufs battus et le mélange lait-beurre-levure. Travaille le tout à vitesse moyenne avec l'outil crochet du robot pendant 8 minutes. La pâte doit se décoller des parois du bol ; si elle se montre trop collante, ajoute un peu de farine (tu peux aussi travailler la pâte à la main si tu n'as pas de robot). Place la pâte dans un bol, filme-le et laisse reposer à température ambiante pendant 1 h 30.

2. La pâte a dû doubler de volume, place-la sur le plan de travail et donne quelques coups de poing pour la « dégazer ». Effleure le plan de travail avec un peu de farine et étale la pâte sur une épaisseur de 0,5 cm. À l'aide de l'emporte-pièce de 10 cm, découpe dans la pâte des cercles que tu vas trouer au centre avec l'emporte-pièce de 3 cm.

3. Place les anneaux obtenus sur une plaque tapissée de papier cuisson, puis recouvre-les d'un torchon pour les laisser de nouveau pousser pendant 1 heure.

4. Préchauffe le four à 180 °C (th. 6).

5. À l'aide d'un pinceau, badigeonne les donuts du jaune d'œuf pour obtenir une belle dorure. Enfourne pour 9 minutes. À la sortie du four, place-les sur une grille pour les laisser refroidir.

6. Réalise le glaçage. Fais fondre le chocolat et le beurre au micro-ondes. Trempes-y le dessus des donuts. Saupoudre-les de perles en sucre et prépare-toi à les dévorer !

Spritz maison

POUR 15 SPRITZ
PRÉPARATION : 15 MIN • CUISSON : 13 MIN • REPOS : 1 H

INGRÉDIENTS

225 g de farine
190 g de beurre mou
150 g de chocolat au lait (ou noir, selon tes goûts)
75 g de sucre glace
30 g de blanc d'œuf
1/2 gousse de vanille
1 pincée de sel

MATÉRIEL

Poche à douille
Douille cannelée (13 mm)
Batteur électrique
Papier cuisson

1. Préchauffe le four à 180 °C (th. 6).

2. Travaille le beurre au batteur jusqu'à ce qu'il devienne crémeux. Fends la gousse de vanille en deux pour en récupérer les graines. Ajoute au beurre mou le sucre glace, les graines de vanille, le blanc d'œuf et le sel, puis mélange de nouveau au batteur jusqu'à ce que la préparation devienne lisse. Incorpore la farine sans trop travailler la pâte.

3. Verse la pâte dans une poche à douille munie d'une douille cannelée. Dresse les sablés en forme de « W » sur une plaque recouverte de papier cuisson en veillant à bien les espacer. Mets-les au four pour 13 minutes (le temps varie selon la taille), puis laisse-les refroidir sur une grille.

4. Fais fondre le chocolat au micro-ondes ou au bain-marie et trempes-y la moitié des biscuits. Laisse le chocolat figer à température ambiante avant de les déguster.

Glace Oreo®
sans sorbetière

POUR 8 PERSONNES
PRÉPARATION : 20 MIN • CONGÉLATION : 12 H 15

INGRÉDIENTS

35 cl de crème liquide entière
400 g de lait concentré sucré
15 Oreo® réduits en miettes
8 Oreo® entiers
1 cuil. à café de café soluble
1 cuil. à café d'eau tiède
1 cuil. à café d'arôme de vanille
1 pincée de sel

MATÉRIEL

Boîte type Tupperware®
Batteur électrique
Maryse

1. Place le bol et les fouets du batteur au congélateur pour 15 minutes.
2. Verse la crème entière liquide bien froide dans le bol froid et fouette-la jusqu'à ce qu'elle devienne chantilly. Ajoutes-y le sel et l'arôme de vanille, puis fouette quelques secondes.
3. Dilue le café soluble dans l'eau tiède et incorpore-le délicatement à la crème Chantilly avec le lait concentré sucré, en t'aidant d'une maryse, puis ajoute les Oreo® en miettes.
4. Verse l'appareil à glace dans une boîte hermétique et dépose sur la surface les Oreo® entiers coupés en deux, en les enfonçant légèrement dans la crème.
5. Place le tout au congélateur pour 12 heures avant de déguster !

Glaces maison petit-suisse

POUR 6 GLACES
PRÉPARATION : 10 MIN • CONGÉLATION : 4 H

INGRÉDIENTS

6 yaourts nature type petit-suisse
65 g de sucre
10 framboises (ou autres, selon tes goûts)
25 g de coulis de fruits rouges

MATÉRIEL

Des pots de petit-suisse vides
6 bâtonnets en bois

1. Dans un bol, verse les yaourts (garde les pots), le sucre, les framboises et écrase le tout à la fourchette.
2. Verse 1 cuillerée à soupe de coulis de fruits rouges dans les pots de yaourt vidés et lavés, puis remplis-les du mélange précédent.
3. Plante les bâtonnets au milieu des yaourts et place-les au congélateur pendant 4 heures.

Tartelettes au citron de Menton

POUR 6 TARTELETTES
PRÉPARATION : 1 H • CUISSON : 15 MIN • RÉFRIGÉRATION : 1 H 30 • REPOS : 30 MIN

INGRÉDIENTS

Pour la pâte brisée

250 g de farine (+ un peu pour le plan de travail) • 125 g de beurre mou • 4 cl d'eau • 1 jaune d'œuf • 1 pincée de sel

Pour la crème citron

5 citrons • 80 g de sucre • 80 g de beurre • 2 œufs + 1 jaune • 1 cuil. à café de Maïzena®

Pour la meringue italienne

125 g de sucre • 50 g de blancs d'œufs • 40 g d'eau

MATÉRIEL

Thermomètre de cuisson • 6 moules à tartelettes • Batteur électrique • Chalumeau (facultatif) • Poche à douille • Douille ronde

1. Préchauffe le four à 180 °C (th. 6).

2. Prépare la pâte brisée. Dans un bol, verse le beurre mou et la farine et travaille le tout du bout des doigts jusqu'à obtenir une consistance sableuse. Forme un petit puits dans lequel tu verses le jaune, le sel et l'eau. Travaille toujours à la main jusqu'à l'obtention d'une pâte bien homogène. Forme une boule, filme-la et place-la au frais pour 1 heure.

3. Saupoudre un peu de farine sur le plan de travail et étale la pâte sur une épaisseur de 3 mm. Découpe des disques d'un diamètre de 3 cm de plus que les moules (pour les bords) et dispose chaque disque de pâte dans un moule. Pique le fond avec une fourchette et enfourne pour 12 minutes. Laisse-les ensuite refroidir dans leur moule.

4. Pendant ce temps, prépare la crème citron. À l'aide d'un économe, commence par prélever les zestes de 2 citrons, puis le jus des 5 citrons. Verse le tout dans une casserole et ajoutes-y les œufs et le jaune, le sucre et la Maïzena®. Mélange au fouet et cuis sur feu doux jusqu'à 82 °C. Verse la crème dans un bol et laisse-la refroidir. Ajoute le beurre et fouette le tout vivement. Verse la crème citron sur les fonds de tartes refroidis et place au frais pour 30 minutes.

5. Prépare la meringue italienne. Verse l'eau et le sucre dans une casserole et porte le sirop à ébullition en contrôlant sa température avec le thermomètre de cuisine. Lorsque la température atteint 114 °C, commence à battre les blancs à petite vitesse dans une cuve ou un saladier. Le sirop est prêt lorsqu'il atteint 118-119 °C. Verse en filet le sirop sur un bord de la cuve ou du saladier. Lorsque tout le sirop est versé, augmente la vitesse du batteur au maximum et fouette vigoureusement la meringue pendant 7 à 10 minutes pour la refroidir. La meringue italienne est réussie si elle fait le « bec d'oiseau » lorsque tu soulèves le batteur.

6. Place la meringue dans une poche munie d'une douille étoile et poche-la sur la crème citron. Termine en passant un petit coup de chalumeau sur la meringue. Si tu n'as pas de chalumeau, mets-la pour 5 minutes au four en mode gril (surveille de très près pour éviter qu'elle crame).

Cupcakes Kinder Bueno®

POUR 6 CUPCAKES

PRÉPARATION : 30 MIN • CUISSON : 22 MIN • REPOS : 10 MIN • RÉFRIGÉRATION : 20 MIN

INGRÉDIENTS

Pour le gâteau
95 g de farine
45 g de sucre
30 g de Nutella®
25 g de fromage blanc
1 œuf
2 cl d'huile neutre
1 sachet de levure

Pour le topping
2 paires de Kinder Bueno®
250 g de mascarpone
7 cuil. à soupe de crème liquide entière
3 cuil. à soupe de sucre glace

Pour la décoration
1 paire de Kinder Bueno®
20 g de Nutella®

MATÉRIEL

6 caissettes à cupcakes
Batteur électrique
Poche à douille
Douille étoile

1. Préchauffe le four à 180 °C (th. 6).

2. Prépare le gâteau. Dans un bol, bats l'œuf et le sucre en poudre vivement. Ajoute ensuite le Nutella® et, petit à petit, la farine et la levure. Termine avec l'huile et le fromage blanc, puis mélange bien jusqu'à ce que la pâte soit homogène. Garnis les caissettes aux deux tiers, puis enfourne-les pour 22 minutes. Laisse-les ensuite complètement refroidir.

3. Pendant ce temps, prépare le topping. Mixe ou écrase grossièrement les Kinder Bueno®. Place-les dans une casserole, ajoute la crème et mets le tout sur feu doux jusqu'à ce que les Kinder Bueno® aient complètement fondu. Verse la ganache dans un bol que tu filmes et laisse complètement refroidir au réfrigérateur pendant 20 minutes.

4. À l'aide d'un batteur électrique, fouette le mascarpone et le sucre glace. Ajoute la ganache qui a bien refroidi et fouette à grande vitesse jusqu'à ce que la crème ait une belle tenue. Place le topping dans une poche à douille munie d'une douille étoile et glace les gâteaux.

5. Réalise la décoration. Fais chauffer le Nutella® au micro-ondes et, à l'aide d'une cuillère, verse-le sur les cupcakes. Coupe les Kinder Bueno® en petits morceaux que tu vas planter dans les cupcakes.

Pain perdu au Nutella®

POUR 8 PAINS PERDUS
PRÉPARATION : 15 MIN • CUISSON : 5 MIN

INGRÉDIENTS

8 tranches de pain de mie
1 œuf
3 cl de lait
150 g de sucre roux
1 noisette de beurre (pour la poêle)
Du Nutella®

MATÉRIEL

Poêle
Rouleau à pâtisserie
Fouet

1. Commence par écraser les tranches de pain de mie à l'aide d'un rouleau à pâtisserie. Étale le Nutella® sur les tranches de pain et roule-les.

2. Dans un bol, verse l'œuf, le lait, 50 g de sucre roux et fouette le tout. Imbibe les rouleaux dans le mélange.

3. Mets le beurre dans une poêle chaude, puis déposes-y les rouleaux et fais-les dorer.

4. Dépose les rouleaux dans une assiette et passe-les dans le reste de sucre roux. Déguste-les encore chauds, c'est meilleur !

Meringues tricolores

POUR 12 MERINGUES
PRÉPARATION : 15 MIN • CUISSON : 1 H 20

INGRÉDIENTS

60 g de blancs d'œufs (soit 2 blancs)

120 g de sucre en poudre

Des colorants alimentaires (rose, bleu et jaune)

MATÉRIEL

Poche à douille

Douille étoile

Papier cuisson

Papier film

Batteur électrique ou robot

1. Préchauffe le four à 100 °C (th. 3-4).

2. Prépare la meringue. Dans un bol, mets les blancs et commence à fouetter à vitesse lente avec un batteur électrique ou un robot (de préférence avec un robot). Dès que les blancs commencent à mousser, augmente la vitesse et verse la moitié du sucre en poudre. Continue à battre pendant 3 minutes et verse la moitié du sucre restant. La meringue est prête lorsque la masse est brillante et forme un bec d'oiseau au bout du fouet. Tu obtiendras cette consistance au bout de 8 à 10 minutes.

3. Divise alors l'appareil à meringue dans trois bols et colore-le avec les colorants alimentaires (liquides ou gel).

4. Sur une feuille de papier film, verse le contenu des trois bols en trois lignes verticales, les unes collées aux autres, puis enroule le tout jusqu'à l'obtention d'un boudin. Glisse-le dans une poche à douille munie d'une douille et dresse les meringues sur une plaque revêtue d'un papier cuisson (voir mes conseils sur le pochage tricolore dans la rubrique Astuces, p. 144).

5. Enfourne et laisse cuire 1 h 20. Les meringues sont cuites lorsqu'elles se décollent facilement du papier cuisson.

Churros au four en forme de cœur

POUR 20 CHURROS
PRÉPARATION : 10 MIN • CUISSON : 25 MIN

INGRÉDIENTS

100 g de farine
30 g de sucre
25 g de poudre d'amandes
25 cl d'eau
Un peu de sucre glace
1 pincée de sel

MATÉRIEL

Poche à douille
Douille étoile
Mixeur
Papier cuisson
Maryse

1. Préchauffe le four à 200 °C (th. 6-7).
2. Commence par mixer la poudre d'amandes. Dans une casserole, verse l'eau, le sucre, le sel et porte le tout à ébullition. Hors du feu, ajoute la farine, la poudre d'amandes et mélange bien à la maryse jusqu'à ce que la pâte soit lisse.
3. Place la pâte dans une poche munie d'une douille étoile et poche-la en formant de jolis cœurs sur une plaque recouverte de papier cuisson.
4. Enfourne pour 18 minutes, puis saupoudre les churros de sucre glace dès la sortie du four.
5. Déguste-les à ta guise : nature, au Nutella®, à la confiture…

Guimauve Licorne

POUR 30 PETITES GUIMAUVES
PRÉPARATION : 40 MIN • CUISSON : 15 MIN • RÉFRIGÉRATION : 2H

INGRÉDIENTS

- 250 g de sucre
- 100 g de sucre glace
- 100 g de Maïzena®
- 10 cl d'eau
- 4 blancs d'œufs
- 1 cuil. à café d'arôme de vanille
- 8 feuilles de gélatine (16 g)
- Des colorants alimentaires (rose, bleu et jaune)
- De l'huile neutre pour graisser le moule

MATÉRIEL

- Moule carré de 15 cm
- Thermomètre de cuisson
- Batteur électrique ou robot

1. Place les feuilles de gélatine dans un grand bol d'eau froide pendant 10 minutes pour les ramollir. Mélange la Maïzena® avec le sucre glace.

2. Dans une casserole, verse l'eau, le sucre, l'arôme de vanille et cuis le sirop à 121 °C, quand le sirop atteint 114 °C, verse les blancs dans un bol et fouette-les au batteur électrique ou au robot à grande vitesse.

3. Le sirop est à 121 °C. Hors du feu, ajoutes-y la gélatine essorée, puis verse-le en filet sur les blancs montés en neige. Continue à fouetter à grande vitesse pendant 8 minutes : tu dois obtenir une meringue lisse et brillante. Divise la meringue en trois bols et colore-la. Si celle-ci se solidifie, fouette-la légèrement pour la rendre plus lisse en la versant dans le moule.

4. Huile généreusement le moule et chemise-le avec le mélange Maïzena®-sucre glace. Verse une première couche de meringue rose. Superpose ensuite une couche de meringue jaune et termine avec la meringue bleue. Saupoudre généreusement le tout avec le mélange Maïzena®-sucre glace et place le moule au réfrigérateur pour 2 heures.

5. Une fois la guimauve figée, badigeonne la lame d'un couteau avec de l'huile neutre, décolle les bords du moule et démoule la guimauve. Saupoudre-la généreusement du mélange Maïzena®-sucre glace et découpe des petits carrés toujours à l'aide de la lame huilée. Trempe les petits carrés dans le mélange Maïzena®-sucre glace et déguste.

ASTUCE
Tu peux les manger aussitôt ou les conserver au frais pendant 4 jours, emballés bien hermétiquement.

Cookies aux M&M's®

POUR 15 COOKIES
PRÉPARATION : 15 MIN • CUISSON : 13 MIN

INGRÉDIENTS

240 g de farine
150 g de sucre roux
100 g de beurre mou
50 g de pépites de chocolat
130 g de M&M's®
1 œuf

MATÉRIEL

Fouet
Papier cuisson

1. Préchauffe le four à 180 °C (th. 6).

2. Dans un bol, place le beurre mou, le sucre roux et fouette le tout jusqu'à ce que le mélange soit mousseux. Ajoute l'œuf et mélange au fouet. Incorpore petit à petit la farine d'abord au fouet et ensuite à la main quand la pâte commence à s'épaissir. Termine en ajoutant les M&M's® et les pépites de chocolat. Mélange bien le tout pour obtenir une pâte uniforme.

3. Forme des petites boules (tu peux t'aider d'une petite cuillère à glace) et place-les sur une plaque recouverte d'un papier cuisson. Veille à bien espacer les cookies qui vont s'aplatir à la cuisson. Enfourne-les pour 13 minutes.

4. Les cookies doivent être très légèrement dorés ! Attention, à la sortie du four ils sont encore mous, c'est normal ! Ils vont durcir rapidement en refroidissant. Régale-toi bien ;)

Burgers sucrés

POUR 6 PERSONNES
PRÉPARATION : 40 MIN • CUISSON : 15 MIN

INGRÉDIENTS

Pour le gâteau chocolat imitation steak

- 120 g de sucre
- 80 g de chocolat
- 80 g de beurre
- 80 g de farine
- 4 œufs

Pour le burger

- 6 pains à burger au sésame ou 6 brioches sucrées
- 3 kiwis
- 300 g de fraises
- 60 g de coulis de fraises
- 15 g de sucre
- Le jus de 1 citron

MATÉRIEL

- Batteur électrique
- Emporte-pièce rond
- Papier cuisson

1. Préchauffe le four à 180 °C (th. 6).

2. Prépare le gâteau chocolat. Clarifie les œufs et, à l'aide du batteur électrique, monte les blancs en neige en ajoutant petit à petit 60 g de sucre. Les blancs doivent être fermes et brillants. Dans un bol, mets le chocolat et le beurre coupés en petits morceaux et fais fondre au micro-ondes ou au bain-marie. Dans un second bol, verse le sucre restant sur les jaunes d'œufs et fouette le tout vivement pour que le mélange blanchisse. Ajoute la farine et mélange. Ajoute le chocolat et le beurre fondus, puis incorpore délicatement les blancs en neige.

3. Verse la pâte sur une plaque recouverte de papier cuisson et enfourne pour 15 minutes. À la sortie du four, laisse refroidir le gâteau et découpes-y des ronds de la taille du pain à burger.

4. Coupe les pains à burger ou les brioches en deux. Applique généreusement le coulis de fraises (qui imitera le ketchup). Coupe finement les fraises et les kiwis, puis place-les dans un bol. Ajoute le jus de citron, le sucre et mélange à la cuillère. Sur la base du pain, commence par aligner une rangée de kiwis, puis une rangée de fraises par-dessus. Superpose le biscuit chocolat, puis de nouveau une rangée de kiwis. Termine avec des fraises et referme le tout avec le chapeau du burger.

Twix® maison

POUR 15 TWIX®

PRÉPARATION : 35 MIN • CUISSON : 45 MIN • RÉFRIGÉRATION : 1 H 30

INGRÉDIENTS

Pour le biscuit

180 g de farine (+ un peu pour le plan de travail et le moule)

150 g de beurre mou demi-sel (+ un peu pour le moule)

55 g de sucre glace

Pour le caramel

200 g de lait concentré sucré

60 g de beurre

60 g de sucre

1 cuil. à soupe de miel

Pour le nappage

250 g de chocolat au lait

MATÉRIEL

Moule carré de 15 cm

Papier cuisson

Maryse

1. Préchauffe le four à 180 °C (th. 6).

2. Prépare le biscuit. Dans un bol, verse le beurre mou et le sucre glace et travaille le tout à la maryse jusqu'à ce que le mélange soit bien crémeux. Ajoute la farine et, toujours à la maryse, travaille l'appareil jusqu'à ce que la pâte se forme. Mets un peu de farine sur le plan de travail, puis étale la pâte sur une épaisseur de 1 cm. Découpe-la à la taille du moule et place-la dans le moule chemisé. Enfourne pour 23 minutes.

3. Prépare le caramel. Verse tous les ingrédients dans une casserole et place-la sur feu doux. Ne cesse jamais de remuer et retire du feu quand le mélange obtient une couleur ambrée.

4. Verse le caramel sur le biscuit que tu as précédemment cuit et place le tout au réfrigérateur pendant 30 minutes.

5. Une fois que le caramel a bien figé, démoule le tout. Découpe des bandes de 3 cm de largeur, puis coupe-les en deux pour obtenir des rectangles de 3 cm x 7,5 cm.

6. Réalise le nappage. Place le chocolat dans un bol et fais-le fondre au micro-ondes ou au bain-marie. Un à un, trempe entièrement les rectangles dans le chocolat fondu. Aide-toi d'une fourchette pour les enrober et les sortir. Dépose-les sur une plaque recouverte de papier cuisson et réalise avec le chocolat restant les petits motifs du dessus, toujours à l'aide de la fourchette. Place les Twix® au frais pendant 1 heure avant de les déguster.

Pop cakes vanille sans cuisson

POUR 30 POP CAKES
PRÉPARATION : 1 H • CONGÉLATION : 20 MIN • RÉFRIGÉRATION : 30 MIN

INGRÉDIENTS

Pour le gâteau vanille

1 quatre-quarts de 500 g
250 g de mascarpone
30 g de chocolat noir

Pour le nappage

300 g de chocolat noir
20 g de beurre
Des perles en sucre

MATÉRIEL

30 bâtons de sucette
Papier cuisson

1. Prépare le gâteau vanille. Dans un bol, émiette le quatre-quarts. Pour aller plus vite, il te suffit de couper le quatre-quarts en deux et de frotter les deux morceaux l'un contre l'autre. Ajoute le mascarpone et travaille le tout à la main.

2. Forme de petites boules et place-les sur une plaque recouverte de papier cuisson, puis mets-les au congélateur pour 10 minutes. La pâte doit être compacte et les boules faciles à rouler. Si la pâte est trop friable, ajoute du mascarpone.

3. Fais fondre le chocolat au micro-ondes ou au bain-marie, trempes-y la pointe des bâtons et enfonce-les dans les boules. Replace le tout au congélateur pour 10 minutes. Le chocolat doit complètement figer pour que la boule tienne parfaitement au bâton.

4. Prépare le nappage. Fais fondre le chocolat et le beurre au micro-ondes et trempes-y les sucettes. Secoue-les légèrement pour enlever le surplus et saupoudre-les aussitôt de perles en sucre. Dépose-les, têtes en bas, sur une plaque recouverte de papier cuisson et place-les au frais pour 30 minutes avant de les déguster.

Glace arc-en-ciel sans sorbetière

POUR 8 PERSONNES
PRÉPARATION : 20 MIN • CONGÉLATION : 12 H 15

INGRÉDIENTS

35 cl de crème liquide entière
350 g de lait concentré sucré
2 cuil. à café d'arôme de vanille
Des colorants alimentaires (vert, rose, bleu, jaune et orange)
Des étoiles en sucre

MATÉRIEL

Boîte type Tupperware®
Batteur électrique
Maryse

1. Place le bol et les fouets du batteur au congélateur pendant 15 minutes.

2. Verse la crème entière liquide bien froide et l'arôme de vanille dans le bol froid et fouette-les jusqu'à obtenir une chantilly. Incorpore délicatement le lait concentré sucré en t'aidant d'une maryse.

3. Divise l'appareil en cinq bols et colore-le. Verse les crèmes colorées dans une boîte hermétique, en alternant les couleurs pour obtenir un bel arc-en-ciel. Termine en saupoudrant d'étoiles en sucre.

4. Place le tout au congélateur pour 12 heures avant de déguster !

DE LA CRÈME

JE
PEUX PAS
J'AI PONEY

Joyeux anniversaire !

Rainbow cake

POUR 10 PERSONNES

PRÉPARATION : 45 MIN • CUISSON : 15 MIN • CONGÉLATION : 15 MIN

INGRÉDIENTS

Pour le gâteau vanille

- 400 g de farine
- 200 g de beurre mou (+ un peu pour le moule)
- 200 g de sucre en poudre
- 25 cl de lait
- 6 œufs
- 1 cuil. à café d'arôme de vanille
- Des colorants alimentaires (rouge, orange, jaune, vert, bleu et violet)

Pour la chantilly mascarpone

- 500 g de crème liquide entière à 30 % de matière grasse
- 250 g de mascarpone
- 100 g de sucre glace

MATÉRIEL

- Moule rond ou cercle de 15 cm de diamètre (6 si possible)
- Spatule coudée
- Batteur électrique ou robot

1. Préchauffe le four à 180 °C (th. 6).

2. Prépare le gâteau vanille. Dans un bol, mets le beurre mou, le sucre en poudre et l'arôme de vanille, puis fouette le tout jusqu'à ce que le mélange devienne mousseux (je te conseille l'utilisation d'un batteur électrique ou d'un robot). Tout en continuant de battre, ajoute progressivement les œufs, puis la farine et le lait.

3. Lorsque l'appareil est bien homogène, divise-le en le mettant dans 6 pots (ou bols) et ajoute à chaque pot un colorant. Verse ensuite les 6 préparations dans les moules beurrés (ou répète l'opération en fonction du nombre de moules que tu as à disposition) et laisse-les cuire pendant 12 à 15 minutes. À la sortie du four, attends quelques minutes, puis démoule délicatement les gâteaux et laisse-les refroidir sur une grille.

4. Pendant ce temps, prépare la chantilly mascarpone. Verse la crème dans un bol et place-la au congélateur avec les fouets du batteur électrique pendant 15 minutes, puis ajoutes-y le mascarpone et le sucre glace. Fouette le tout en augmentant progressivement la vitesse jusqu'à obtenir une crème bien onctueuse. La chantilly mascarpone est prête quand elle tient parfaitement au fouet sans retomber.

5. Si les gâteaux ont un peu gonflé, découpe-les horizontalement de manière à avoir des gâteaux bien plats. Alterne ensuite une couche de gâteau et une couche de chantilly mascarpone. À l'aide d'une spatule coudée, lisse entièrement l'extérieur du gâteau avec le restant de chantilly mascarpone.

Rainbow cupcakes

POUR 12 CUPCAKES

PRÉPARATION : 30 MIN • CUISSON : 22 MIN • REPOS : 30 MIN • CONGÉLATION : 15 MIN

INGRÉDIENTS

Pour le gâteau vanille

- 130 g de farine
- 85 g de beurre fondu
- 80 g de sucre en poudre
- 2 œufs
- 1 sachet de sucre vanillé
- 1/2 sachet de levure chimique

Pour la chantilly mascarpone

- 500 g de crème liquide entière à 30 % de matière grasse
- 250 g de mascarpone
- 100 g de sucre glace
- Des colorants alimentaires (rouge, orange, jaune, bleu et violet)

MATÉRIEL

- 12 caissettes à cupcakes
- Poche à douille
- Douille étoile
- Papier film
- Batteur électrique

1. Préchauffe le four à 180 °C (th. 6).

2. Prépare le gâteau vanille. Dans un bol, mets les sucres et les œufs, puis fouette quelques secondes. Ajoute ensuite le beurre fondu, mélange de nouveau et termine en ajoutant la farine et la levure. Mélange délicatement jusqu'à obtenir une pâte lisse et homogène. Verse la pâte dans des caissettes en papier et enfourne pour 22 minutes. À la sortie du four, laisse les gâteaux refroidir sur une plaque, sans les démouler.

3. Prépare le topping chantilly mascarpone. Verse la crème dans un bol et place-la au congélateur avec les fouets du batteur électrique pendant 15 minutes, puis ajoutes-y le mascarpone et le sucre glace. Fouette le tout en augmentant progressivement la vitesse jusqu'à obtenir une crème bien onctueuse. La chantilly mascarpone est prête quand elle tient parfaitement au fouet sans retomber.

4. Mets la chantilly mascarpone dans cinq bols et colore chaque bol avec un colorant différent. Verse sur du papier film le contenu des cinq bols en cinq lignes verticales, les unes collées aux autres, puis enroule le tout jusqu'à l'obtention d'un boudin. Glisse-le dans la poche à douille munie de la douille étoile et décore les cupcakes (voir la rubrique Astuces p. 144 à 146).

Layer cake rose à la framboise

POUR 10 PERSONNES
PRÉPARATION : 45 MIN • CUISSON : 1 H 30 • REPOS : 30 MIN • RÉFRIGÉRATION : 30 MIN

INGRÉDIENTS

Pour le sponge cake vanille

150 g de sucre • 150 g de farine • 90 g de beurre fondu • 3 œufs • 1 sachet de sucre vanillé • 1 cuil. à café de levure chimique • Du beurre pour le moule

Pour la crème mousseline vanille

120 g de sucre en poudre • 100 g de beurre froid • 100 g de beurre mou • 50 g de Maïzena® • 50 cl de lait entier • 2 œufs + 1 jaune • 1 gousse de vanille • Des colorants alimentaires

Pour l'assemblage

150 g de framboises

MATÉRIEL

Moule rond de 15 cm de diamètre et 8 cm de hauteur (si tu n'as pas de moule haut, viens voir mon astuce dans la rubrique Astuces, p. 142) • Batteur électrique ou robot • 1 à 3 poches à douille • 1 à 3 douilles étoiles

1. Préchauffe le four à 170 °C (th. 5-6).

2. Prépare le sponge cake vanille. Sépare les blancs des jaunes et, dans un bol, fouette les jaunes avec les sucres pendant 3 minutes. Ajoute le beurre et fouette de nouveau quelques secondes. Ajoute la farine et la levure. Bats les blancs en neige et incorpore-les délicatement au mélange précédent. Verse la pâte dans le moule beurré et fais cuire 1 h 10. À la fin de la cuisson, laisse le gâteau 10 minutes supplémentaires dans le four éteint, puis laisse-le refroidir avant de le démouler délicatement.

3. Prépare la crème mousseline. Fends la gousse de vanille en deux avec le dos du couteau et racle l'intérieur de la gousse pour prélever les graines. Mets les graines et la gousse de vanille dans le lait et porte-le à ébullition. Dans un bol, fouette le jaune, les œufs et le sucre rapidement, puis incorpore la Maïzena®. Quand le lait est à ébullition, verse-le dans l'appareil sucre-œufs-Maïzena® et mélange aussitôt avec le fouet. Verse la crème dans le récipient de cuisson qui a servi pour le lait. Porte de nouveau à ébullition à petit feu sans cesser de mélanger avec le fouet et cuis la crème pâtissière pendant 2 à 3 minutes en maintenant l'ébullition toujours sans cesser de remuer. Hors du feu, ajoute à la crème chaude le beurre froid et mélange énergiquement. Verse le tout dans un récipient, couvre de film alimentaire et laisse refroidir au frais.

4. Dans un bol, mets la crème pâtissière refroidie et fouette-la quelques secondes pour la détendre. Ajoute progressivement le beurre mou tout en mélangeant avec un batteur électrique ou un robot, à vitesse lente. Une fois tout le beurre incorporé, fouette à vitesse rapide pendant 5 minutes environ, jusqu'à ce que la crème s'éclaircisse et devienne presque blanche. La crème doit augmenter de volume, être lisse et onctueuse.

5. Conserve un quart de la crème dans le bol et mets le reste dans trois autres bols. Colore-les en obtenant trois teintes dégradées. Place les crèmes colorées dans des poches munies de douilles étoiles.

6. Découpe horizontalement le gâteau en trois couches et garnis-le avec le quart de crème non colorée et avec les framboises entières. Sur le bas du gâteau, réalise une première rangée de motifs avec la crème dont la couleur est la plus foncée. Au centre, la seconde rangée avec la nuance intermédiaire. Et sur le dessus, la dernière rangée avec la couleur la plus claire. Place le gâteau au frais jusqu'à ce que la crème mousseline fige.

Brownie sucette

POUR 12 SUCETTES
PRÉPARATION : 25 MIN • CUISSON : 25 MIN • RÉFRIGÉRATION : 20 MIN • REPOS : 1 H

INGRÉDIENTS

Pour le brownie

220 g de sucre roux
120 g de chocolat noir à 64 % de cacao
100 g de beurre + un peu pour le moule
100 g de noisettes
90 g de farine
20 g de cacao en poudre non sucré
2 œufs
2 cuil. à café de levure chimique

Pour la décoration

200 g de chocolat noir fondu
Des vermicelles

MATÉRIEL

12 bâtons à glace
Moule carré de 15 cm
Papier cuisson

1. Préchauffe le four à 180 °C (th. 6).

2. Prépare le brownie. Dans un bol, verse le beurre et le chocolat coupé en petits morceaux et fais-les fondre au micro-ondes ou au bain-marie. Dans un second bol, bats les œufs et le sucre, puis ajoute la farine, la levure et le cacao en poudre. Lorsque le mélange est bien homogène, incorpore le chocolat-beurre fondu, puis termine avec les noisettes que tu auras concassées.

3. Verse la pâte dans le moule beurré et fais cuire pendant 25 minutes. À la sortie du four, laisse le brownie refroidir, puis découpe-le en 10 à 12 petits rectangles.

4. Trempe les pointes des bâtons à glace dans le chocolat fondu, puis enfonce-les dans les brownies. Place-les sur une plaque revêtue de papier cuisson et mets-les au frais pour 20 minutes.

5. Récupère les sucettes, trempe-les de moitié dans le chocolat fondu et parsème-les de vermicelles. Replace-les sur la plaque et laisse-les à température ambiante jusqu'à ce que le chocolat fige.

Cookie pizza

POUR 8 PERSONNES
PRÉPARATION : 15 MIN • CUISSON : 20 MIN

INGRÉDIENTS

375 g de farine
275 g de sucre roux
250 g de beurre mou
200 g de pépites de chocolat
1 œuf
1 cuil. à café d'arôme de vanille
1/2 sachet de levure
Des vermicelles
Des bonbons chocolatés

MATÉRIEL

Fouet
Papier cuisson

1. Préchauffe le four à 170 °C (th. 5-6).

2. Dans un bol, mets le beurre mou, le sucre et l'arôme de vanille, puis fouette le tout jusqu'à ce que le mélange devienne mousseux. Ajoute l'œuf et fouette de nouveau. Incorpore délicatement la farine et la levure et termine avec les pépites de chocolat.

3. Récupère alors la pâte et forme une grosse boule. Place-la sur une plaque revêtue de papier cuisson, puis aplatis-la avec les mains de manière à ce qu'elle garde une forme ronde (1,5 cm d'épaisseur environ).

4. Dispose les bonbons chocolatés et les vermicelles sur le dessus et enfourne pour 20 minutes.

5. Dès la sortie du four, découpe le cookie pizza ! Si tu le veux plus croustillant, il suffira de le laisser cuire quelques minutes de plus. Nous, on l'aime fondant ;)

Piñata cake au chocolat

POUR 10 PERSONNES
PRÉPARATION : 45 MIN • CUISSON : 1 H 20 • REPOS : 15 MIN

INGRÉDIENTS

Pour le gâteau chocolat

200 g de chocolat noir à 52 % de cacao • 145 g de sucre • 120 g de beurre (+ un peu pour le moule) • 110 g de farine • 1 cuil. à café de levure chimique • 4 œufs • 2 cuil. à café de cacao en poudre non sucré

Pour la crème au beurre meringue suisse au chocolat

340 g de beurre mou • 250 g de sucre • 100 g de chocolat noir fondu • 5 blancs d'œufs

Pour l'assemblage

Des bonbons

MATÉRIEL

Moule rond de 15 cm de diamètre et 8 cm de hauteur (si tu n'as pas de moule haut, viens voir mon astuce dans la rubrique Astuces, p. 142) • Batteur électrique ou robot • Spatule coudée • Poche à douille • Douille étoile

1. Préchauffe le four à 170 °C (th. 5-6).

2. Prépare le gâteau chocolat. Coupe le beurre et le chocolat en petits morceaux et fais-les fondre au micro-ondes ou au bain-marie. Dans un bol, fouette les jaunes d'œufs et le sucre, puis ajoute la farine, la levure et le cacao en poudre. Termine en y ajoutant le mélange de chocolat et beurre fondus.

3. À l'aide d'un batteur électrique, monte les blancs en neige (pas trop ferme) et incorpore-les délicatement au mélange précédent. Verse le tout dans le moule beurré et laisse cuire pendant 1 h 20. Assure-toi que le gâteau est bien cuit en le piquant au centre avec la lame d'un couteau ! Celle-ci doit ressortir complètement sèche. Laisse refroidir le gâteau une quinzaine de minutes et démoule-le délicatement.

4. Prépare la crème au beurre meringue suisse au chocolat. Dans un bol, verse les blancs d'œufs et le sucre et fouette le tout sur un bain-marie jusqu'à ce que tu ne sentes plus les grains de sucre au toucher (ne cesse jamais de fouetter !). Retire du bain-marie et fouette le mélange au batteur électrique ou au robot (de préférence au robot), à grande vitesse, pendant une dizaine de minutes, jusqu'à ce qu'il soit refroidi, lisse, épais et brillant. Ajoute petit à petit le beurre mou. La crème va sûrement devenir granuleuse, ne t'inquiète pas, c'est normal, continue à fouetter à grande vitesse jusqu'à ce qu'elle redevienne souple et lisse. Termine en versant le chocolat fondu et fouette brièvement.

5. Procède à l'assemblage. Découpe horizontalement le gâteau au chocolat pour obtenir trois couches. Réalise un cercle de 5 à 7 cm de diamètre au centre de la tranche du milieu (à l'aide d'un verre ou d'un emporte-pièce). Sur une assiette plate, dépose une première tranche de gâteau, sur le dessus, étale une couche de crème au beurre meringue suisse. Superpose ensuite la tranche du milieu, remplis le trou avec des bonbons, étale une couche de crème et termine avec la dernière tranche de gâteau.

6. À l'aide d'une spatule coudée, lisse l'extérieur du gâteau avec la crème au beurre meringue suisse au chocolat jusqu'à ce que celui-ci soit complètement masqué. Pour avoir un lissage parfait, tu peux aussi t'aider d'une équerre ! Celle-ci ne te servira bien sûr que pour la cuisine ;) Verse le reste de crème dans une poche munie d'une douille étoile et décore le gâteau.

Biscuit Ti'biscuit

POUR 30 BISCUITS

PRÉPARATION : 15 MIN • CUISSON : 11 MIN • REPOS : 30 MIN

INGRÉDIENTS

Pour le biscuit pain d'épice

330 g de farine

125 g de beurre mou

120 g de sucre roux

15 g de miel liquide

1 œuf

2 cuil. à café de mélange quatre-épices

Pour la glace royale

180 g de sucre glace

1 blanc d'œuf

MATÉRIEL

Fouet

Maryse

Emporte-pièce petit bonhomme ou gabarit en carton

Papier cuisson

Poche à douille

Petite douille lisse

1. Préchauffe le four à 170 °C (th. 5-6).

2. Prépare la pâte à biscuit pain d'épice. Dans un bol, mets la farine, ajoute ensuite les cuillerées d'épices, puis mélange les poudres. Dans un second bol, fouette le beurre mou et le sucre jusqu'à ce que le mélange devienne mousseux. Ajoute l'œuf, le miel et fouette quelques secondes. À l'aide d'une maryse ou avec la feuille d'un robot ou incorpores-y délicatement les poudres.

3. Étale la pâte sur une épaisseur de 0,5 cm et découpe les formes. Place-les sur une plaque revêtue de papier cuisson et laisse cuire pendant 11 minutes. À la sortie du four, laisse les biscuits complètement refroidir.

4. Prépare la glace royale. Dans un bol, fouette le blanc et le sucre glace. Le glaçage doit être lisse et brillant. S'il te semble trop liquide, ajoute du sucre glace. À l'inverse, s'il te semble trop épais, ajoute un peu de jus de citron. Place le glaçage dans une poche munie d'une petite douille lisse et décore les biscuits.

6
Raphaël
842
MARTRE

Gâteau zébré rose

POUR 8 PERSONNES
PRÉPARATION : 20 MIN • CUISSON : 40 MIN • REPOS : 30 MIN

INGRÉDIENTS

300 g de farine
250 g d'huile de tournesol
250 g de sucre en poudre
100 g de lait
4 œufs
2 cuil. à café de levure chimique
1 cuil. à café d'arôme de vanille
Du colorant alimentaire rose
Du beurre pour le moule

MATÉRIEL

Moule rond de 20 cm de diamètre
Fouet

1. Préchauffe le four à 170 °C (th. 5-6).

2. Dans un bol, verse les œufs, l'arôme de vanille, le sucre, le lait et l'huile. Fouette énergiquement. Ajoute la farine et la levure, puis fouette de nouveau jusqu'à ce que le mélange soit bien homogène.

3. Sépare la pâte en deux et colore une moitié avec le colorant alimentaire rose.

4. Beurre le moule, dépose 4 cuillerées à soupe de pâte blanche au centre, les unes sur les autres, puis 4 cuillerées à soupe de pâte rose de la même façon et répète l'opération jusqu'à ce que tu n'aies plus de pâte.

5. Et hop, ça part en cuisson pour 40 minutes. À la sortie du four, laisse refroidir le gâteau, puis démoule-le délicatement.

Gâteau licorne

POUR 12 PERSONNES
PRÉPARATION : 1 H45 • CUISSON : 1 H 10 • REPOS : 15 MIN • RÉFRIGÉRATION : 30 MIN

INGRÉDIENTS

Pour le gâteau citron

120 g de farine (+ un peu pour le moule) • 100 g de beurre mou (+ un peu pour le moule) • 100 g de sucre • 10 cl de lait • 4 œufs • Les zestes de 1 citron • 1 gousse de vanille • 1/2 sachet de levure chimique

Pour la crème

500 g de mascarpone • 200 g de sucre glace • 20 cl de crème liquide entière à 30 % de matière grasse • Des colorants alimentaires rose, jaune et bleu

Pour le lissage vanille

310 g de sucre glace • 100 g de beurre mou • 1 cuil. à café d'arôme de vanille • 1 cuil. à soupe de lait

Pour le montage

150 g de fraises coupées en morceaux (ou de la confiture ou autre, selon la saison) • De la pâte à sucre • Des paillettes et peintures alimentaires (facultatif)

MATÉRIEL

Moule à gâteau de 15 cm de diamètre sur 10 cm de hauteur ou 2 moules de 15 cm, il faudra alors diviser l'appareil à gâteau en deux et diminuer le temps de cuisson • Batteur électrique ou robot • Spatule coudée • Lisseur à ganache ou équerre • Poche à douille • Douille étoile • Papier film • Maryse

1. Préchauffe le four à 165 °C (th. 5-6). Prépare le gâteau au citron. Fends la gousse de vanille en deux pour récupérer les graines. Verse le lait, les graines et la gousse dans une casserole et porte le tout à ébullition. Laisse infuser sur feu doux pendant 8 minutes. Dans un bol, fouette le beurre mou et le sucre jusqu'à ce que le mélange devienne mousseux, ajoute les œufs un à un en mélangeant énergiquement au fouet. Ajoute ensuite la farine et la levure et termine avec le lait à la vanille.

2. Verse la pâte dans le moule chemisé et laisse cuire 1 heure environ. Commence à surveiller la cuisson après 30 minutes, car elle peut varier selon les fours. Pour vérifier la cuisson plonge la pointe d'un couteau au cœur du gâteau ; s'il est cuit, elle ressortira sèche. À la sortie du four, attends 15 minutes avant de démouler le gâteau, puis laisse-le complètement refroidir !

3. Prépare le lissage vanille. Mets le beurre mou et le sucre glace dans un bol et fouette le tout au batteur électrique ou au robot pendant 5 minutes, en raclant de temps en temps les parois du bol avec une maryse. Ajoute le lait, l'arôme de vanille, les zestes de citron et fouette de nouveau pendant 3 minutes. Laisse la crème à température ambiante en attendant le montage.

4. Prépare la crème. Dans un bol, verse le mascarpone, la crème bien froide, le sucre glace et fouette (de préférence au robot) en augmentant progressivement la vitesse jusqu'à ce que le tout épaississe et devienne chantilly.

5. Commence le montage. Découpe horizontalement le gâteau au citron en trois pour obtenir trois couches. Étale de la crème de mascarpone, ajoute les morceaux de fraises sur chaque étage (sauf sur la tranche qui constituera le sommet), puis empile-les. Pour obtenir un gâteau droit, le dessous du gâteau sera le sommet, il s'agit d'un montage à l'envers. À l'aide d'une spatule coudée, recouvre entièrement le gâteau avec la crème de lissage à la vanille et lisse bien le tout proprement avec une équerre. Place le gâteau 30 minutes au réfrigérateur.

6. Divise le restant de crème mascarpone en trois bols et colore un bol en rose, un en bleu et un en jaune. Sur une feuille de papier film, verse les trois crèmes obtenues en trois lignes verticales, les unes collées aux autres, puis enroule le tout jusqu'à obtenir un boudin. Glisse-le dans une poche à douille munie d'une douille étoile et dessine la crête de la licorne. Termine en réalisant les yeux, les oreilles et la corne avec de la pâte à sucre que tu peux ensuite peindre et décorer avec des paillettes et de la peinture alimentaire.

Gâteau princesse

POUR 12 PERSONNES
PRÉPARATION : 30 MIN • CUISSON : 50 MIN • REPOS : 30 MIN • RÉFRIGÉRATION : 14 H

INGRÉDIENTS

Pour le Molly cake vanille

180 g de sucre en poudre
180 g de crème liquide entière à 30 % de matière grasse
180 g de farine
2 œufs
6 g de levure chimique
1 cuil. à café d'arôme de vanille
Du beurre pour le moule

Pour la crème au beurre meringue suisse à la framboise

145 g de beurre mou
80 g de sucre en poudre
80 g de purée de framboises
50 g de blancs d'œufs

Pour le montage

500 g de pâte à sucre pour recouvrir le gâteau

MATÉRIEL

Moule rond de 15 cm de diamètre et 8 cm de hauteur (si tu n'as pas de moule haut, viens voir mon astuce dans la rubrique Astuces, p. 142)
Batteur électrique ou robot
Spatule coudée

1. Préchauffe le four à 165 °C (th. 5-6).

2. Prépare le Molly cake. Au batteur électrique ou au robot (de préférence au robot), bats les œufs, l'arôme de vanille et le sucre jusqu'à ce que le mélange double de volume (10 minutes environ). Ajoute délicatement la farine et la levure. Au batteur électrique, monte la crème en chantilly et incorpore-la délicatement au mélange précédent.

3. Verse l'appareil dans le moule beurré et enfourne pour 50 minutes. À la fin de la cuisson, garde le gâteau 10 minutes supplémentaires dans le four éteint, puis laisse-le refroidir avant de le démouler délicatement.

4. Prépare la crème au beurre meringue suisse à la framboise. Dans un bol, verse les blancs d'œufs et le sucre et fouette le tout sur un bain-marie jusqu'à ce que tu ne sentes plus les grains de sucre au toucher (ne cesse jamais de fouetter !). Retire du bain-marie et fouette encore au batteur électrique ou au robot (de préférence au robot), à grande vitesse, pendant une dizaine de minutes jusqu'à ce que le mélange soit refroidi, lisse, épais et brillant. Ajoute petit à petit le beurre mou. La crème va sûrement devenir granuleuse, ne t'inquiète pas, c'est normal, continue à fouetter à grande vitesse jusqu'à ce qu'elle redevienne souple et lisse. Termine en versant la purée de framboises et fouette brièvement.

5. Commence le montage. Découpe horizontalement le gâteau pour obtenir trois couches et garnis-les avec la crème au beurre meringue suisse. À l'aide d'une spatule coudée, lisse entièrement le gâteau toujours avec la crème. Place-le 1 heure au réfrigérateur, puis recouvre-le de pâte à sucre et décore-le à ta guise ! (Détails dans la rubrique Astuces, p. 147 à 153.)

Gâteau pirate

POUR 12 PERSONNES
PRÉPARATION : 30 MIN • CUISSON : 1 H • REPOS : 12 H 30 • RÉFRIGÉRATION : 1 H

INGRÉDIENTS

Pour la ganache chocolat

300 g de chocolat noir à 64 % de cacao

300 g de crème liquide entière à 30 % de matière grasse

Pour le Molly cake chocolat

180 g de sucre en poudre

180 g de crème liquide entière à 30 % de matière grasse

150 g de farine

30 g de cacao en poudre non sucré

2 œufs

6 g de levure chimique

1 cuil. à café d'arôme de vanille

Du beurre pour le moule

Pour le montage

500 g de pâte à sucre pour recouvrir le gâteau

Un peu de sucre roux

MATÉRIEL

Moule rond de 15 cm de diamètre et 8 cm de hauteur (si tu n'as pas de moule haut, viens voir mon astuce dans la rubrique Astuces, p. 142)

Batteur électrique ou robot

Spatule coudée

Maryse

1. La veille, prépare la ganache chocolat. Fais fondre le chocolat au micro-ondes ou au bain-marie. Place la crème sur feu doux jusqu'à ébullition, puis verse-la sur le chocolat et mélange à l'aide d'une maryse jusqu'à ce que la préparation soit homogène. Filme le tout et réserve à température ambiante toute la nuit (12 heures).

2. Le lendemain, préchauffe le four à 165 °C (th. 5-6).

3. Prépare le Molly cake chocolat. Au batteur électrique ou au robot (de préférence au robot), bats les œufs, l'arôme de vanille et le sucre jusqu'à ce que le mélange double de volume (10 minutes environ). Ajoute délicatement la farine, le cacao et la levure. Au batteur électrique, monte la crème en chantilly et incorpore-la délicatement au mélange précédent.

4. Verse l'appareil dans le moule beurré et enfourne pour 50 minutes. À la fin de la cuisson, garde le gâteau 10 minutes supplémentaires dans le four éteint, puis laisse-le refroidir avant de le démouler délicatement.

5. Commence le montage. Découpe le gâteau horizontalement pour obtenir trois couches et garnis-les avec la ganache chocolat. À l'aide d'une spatule coudée, lisse entièrement le gâteau avec la ganache. Place-le 1 heure au réfrigérateur, puis recouvre-le de pâte à sucre et décore-le (voir la rubrique Astuces p. 147 à 153) ! Pour terminer, décore le socle avec du sucre roux pour imiter le sable !

Gravity cake M&M's®

POUR 10 PERSONNES

PRÉPARATION : 1 H15 • CUISSON : 1 H 10 • REPOS : 12 H • CUISSON : 45 MIN

INGRÉDIENTS

Pour la ganache chocolat

200 g de chocolat noir • 200 g de crème liquide entière à 30 % de matière grasse

Pour le sponge cake chocolat

200 g de farine (+ un peu pour le moule) • 200 g de beurre mou (+ un peu pour le moule) • 200 g de sucre • 40 g de cacao en poudre non sucré • 4 œufs à température ambiante • 1 cuil. à café de levure

Pour le montage

2 paquets de gâteaux type Finger® • 1 grand paquet de M&M's® • 1 petit paquet de M&M's® • 1 paille • 1 pique à brochette • 1 feuille de papier absorbant

MATÉRIEL

Moule de 20 cm de diamètre • Spatule coudée • Batteur électrique ou robot • Maryse

1. La veille, prépare la ganache chocolat. Fais fondre le chocolat au micro-ondes ou au bain-marie. Place la crème sur feu doux jusqu'à ébullition. Verse-la sur le chocolat et mélange à l'aide d'une maryse jusqu'à ce que la préparation soit homogène. Filme le tout et réserve à température ambiante toute la nuit (12 heures).

2. Le lendemain, préchauffe le four à 180 °C (th. 6).

3. Prépare le sponge cake chocolat. Sépare les blancs d'œufs des jaunes. Mets le beurre mou et le sucre dans un bol et fouette au batteur électrique ou au robot (de préférence au robot), jusqu'à ce que le mélange soit mousseux. Ajoute les jaunes un à un et fouette entre chaque ajout. Monte les blancs en neige et incorpore-les délicatement au mélange précédent, puis ajoute progressivement la farine, la levure et le cacao à la préparation. Verse la pâte dans le moule chemisé et enfourne pour 35 minutes. Vérifie la cuisson en plantant la pointe d'un couteau au centre du sponge cake : elle doit ressortir sèche.

4. Commence le montage. Lisse entièrement le gâteau avec la ganache chocolat à l'aide d'une spatule coudée. Tu peux aussi découper le gâteau horizontalement et le garnir de ganache pour plus de gourmandise. Colle les Finger® sur le pourtour du gâteau, ils vont adhérer facilement car la ganache n'a pas encore figé. Laisse un espace vide sur le devant.

5. Prends la pique à brochette, coupe-la pour obtenir la hauteur que tu souhaites. Enfile la paille sur la pique et plante-les au centre du gâteau. Verse le grand sachet de M&M's® et commence par coller les M&M's®, à l'aide du reste de la ganache chocolat, sur la base de la paille en remontant jusqu'au sommet. Coupe l'ouverture du petit sachet de M&M's®, vide-le et remplis-le d'une feuille de papier absorbant. Place-le au bout de la paille en le collant, toujours avec la ganache. Colle quelques M&M's® autour du sachet pour obtenir l'effet gravity cake. Termine en collant le restant de M&M's® sur le dessus et sur le devant du gâteau. Tu peux le conserver à température ambiante avant de le déguster.

Layer cake choco gourmand

POUR 12 PERSONNES

PRÉPARATION : 1 H • CUISSON : 1 H 25 • REPOS : 25 MIN • RÉFRIGÉRATION : 30 MIN

INGRÉDIENTS

Pour le gâteau chocolat

- 370 g de farine (+ un peu pour le moule)
- 300 g de beurre mou (+ un peu pour le moule)
- 300 g de sucre
- 70 g de cacao non sucré
- 18 cl de lait tiède
- 10 cl d'eau chaude
- 4 œufs
- 1 cuil. à café d'arôme de vanille
- 1 sachet de levure

Pour la crème chocolat

- 400 g de chocolat noir
- 300 g de beurre mou
- 250 g de sucre glace
- 2 cuil. à café de cacao en poudre

Pour le montage

- Du coulis chocolat
- Des Kinder®, Mars®, biscuits...

MATÉRIEL

- Moule de 15 cm de diamètre sur 10 cm de hauteur
- Batteur électrique ou robot
- Spatule coudée
- Lisseur à ganache ou équerre
- Poche à douille
- Douille étoile

1. Préchauffe le four à 170 °C (th. 5-6). Prépare le gâteau chocolat. Commence par verser l'eau et le lait dans un bol pour diluer le cacao en poudre au fouet. Dans un autre bol, verse le beurre mou et le sucre et fouette le tout énergiquement au batteur électrique ou au robot pendant 5 minutes. Ajoute les œufs et l'arôme de vanille, puis le mélange lait, eau et cacao. Termine avec la farine et la levure. Verse la pâte dans le moule chemisé et enfourne pour 1 h 25. À la sortie du four, attends 15 minutes avant de le démouler et laisse-le complètement refroidir.

2. Prépare la crème chocolat. Commence par faire fondre le chocolat au micro-ondes ou au bain-marie et laisse-le refroidir 10 minutes. Dans un bol, verse le beurre mou, le sucre glace et fouette le tout au batteur électrique ou au robot (de préférence au robot), jusqu'à ce que le mélange devienne crémeux. Ajoute ensuite le cacao et fouette pendant 2 minutes. Termine en incorporant le chocolat fondu et fouette à grande vitesse pendant 5 à 8 minutes. La crème doit s'épaissir, s'éclaircir et devenir bien onctueuse.

3. Commence le montage. Découpe horizontalement le gâteau au chocolat pour obtenir trois tranches et alterne une couche de crème chocolat avec une couche de gâteau jusqu'au dernier étage de gâteau. Pour obtenir un gâteau droit, le dessous du gâteau sera le sommet, il s'agit d'un montage à l'envers. À l'aide d'une spatule coudée, recouvre entièrement le gâteau avec la crème chocolat et lisse le tout proprement avec une équerre.

4. Place le gâteau au réfrigérateur pour 30 minutes. Une fois la crème bien durcie, verse sur le sommet du gâteau le coulis chocolat et fais-le couler sur les côtés à l'aide d'une cuillère à café. Place le reste de crème chocolat dans une poche munie d'une douille étoile et décore les bordures du gâteau. Termine en déposant les gourmandises de ton choix pour décorer le gâteau.

Pop cakes au chocolat Mickey & Minnie

POUR 30 POP CAKES

PRÉPARATION : 1 H • CONGÉLATION : 20 MIN • RÉFRIGÉRATION : 15 MIN

INGRÉDIENTS

Pour le gâteau vanille

1 quatre-quarts de 500 g

200 g de pâte à tartiner (Nutella® ou spéculoos selon tes goûts)

30 g de chocolat noir

Pour le nappage

300 g de chocolat blanc

300 g de chocolat noir

40 g de beurre

Cœurs en sucre

Du colorant alimentaire rouge

Des pistoles de chocolat noir

De la pâte à sucre (facultatif)

MATÉRIEL

Bâtons de sucette

Support en polystyrène

Papier cuisson

1. Prépare le gâteau vanille. Dans un bol, émiette le quatre-quarts : il te suffit de couper le quatre-quarts en deux et de frotter les deux morceaux l'un contre l'autre. Ajoute la pâte à tartiner et travaille le tout à la main. Forme des petites boules et dépose-les sur une plaque recouverte de papier cuisson, puis place-les au congélateur pour 10 minutes. La pâte doit être compacte et les boules faciles à rouler. Si la pâte est trop friable, ajoute de la pâte à tartiner.

2. Fais fondre le chocolat au micro-ondes ou au bain-marie, trempe la pointe des bâtons et enfonce-les dans les boules. Replace le tout au congélateur pour 10 minutes. Le chocolat doit complètement figer pour que la boule tienne parfaitement au bâton.

3. Prépare le nappage. Coupe les pistoles de chocolat en deux et plante-les dans les boules de gâteau pour former les oreilles (tu peux les coller avec un peu de chocolat fondu). Fais fondre le chocolat blanc avec la moitié du beurre au micro-ondes ou au bain-marie, colore le mélange avec le colorant rouge et trempes-y entièrement les sucettes. Secoue-les légèrement pour enlever le surplus, puis plante-les dans le support en polystyrène et place-les 15 minutes au frais.

4. Fais fondre le chocolat noir et le beurre restant au micro-ondes et enrobe le sommet des sucettes. Utilise les petits cœurs rouges pour réaliser le nœud de Minnie et tu peux aussi faire de petits points blancs avec de la pâte à sucre. Attends que le chocolat fige avant de les déguster.

Naked cake aux fruits rouges

POUR 12 PERSONNES

PRÉPARATION : 1 H 15 • CUISSON : 50 MIN • REPOS : 10 MIN • RÉFRIGÉRATION : 2 H

INGRÉDIENTS

Pour la génoise vanille

250 g de farine (+ un peu pour le moule) • 250 g de sucre (+ un peu pour le moule) • 4 œufs

Pour le sirop d'imbibage

120 g de sucre • 100 g d'eau • 25 g de sirop de fraise

Pour la crème mousseline vanille

37,5 cl de lait entier • 250 g de beurre • 80 g de sucre • 15 g de farine • 15 g de Maïzena® • 3 jaunes d'œufs • 1 gousse de vanille fendue

Pour le montage

200 g de fraises coupées en morceaux • Quelques myrtilles, cerises, framboises…

Pour la décoration

Du sucre glace

MATÉRIEL

Moule de 15 cm de diamètre sur 10 cm de hauteur ou deux moules de 15 cm, il faudra alors diviser l'appareil à gâteau en deux et diminuer le temps de cuisson • Batteur électrique ou robot • Thermomètre de cuisson • Spatule coudée ou équerre • Poche à douille • Douille lisse • Papier film • Maryse

1. Préchauffe le four à 180 °C (th. 6).

2. Prépare la génoise vanille. Fouette les œufs et le sucre, puis chauffe le mélange au bain-marie sans cesser de fouetter jusqu'à 50 °C (vérifie avec le thermomètre de cuisson). Retire du bain-marie et fouette au batteur électrique ou au robot (de préférence au robot), jusqu'à refroidissement. Ajoute délicatement, à la maryse, la farine en deux ou trois fois sans faire retomber le mélange. Verse la pâte dans le moule chemisé. Enfourne pour 40 minutes. La génoise doit être bien blonde et souple au centre. À la fin de la cuisson, laisse la génoise 10 minutes dans le four éteint avant de la sortir et de la démouler.

3. Prépare le sirop. Dans une casserole, verse le sucre et l'eau et porte à ébullition. Laisse refroidir et ajoute le sirop de fraise. Filme et place au frais.

4. Prépare la crème mousseline vanille. Dans une casserole, verse le lait, les graines de vanille, la gousse, la moitié du sucre et porte le tout à ébullition. Dans un bol, fouette les jaunes avec le sucre restant et ajoute la farine et la Maïzena®. Retire la gousse de vanille et verse le lait bouillant dans le bol. Mélange bien et transfère le tout dans la casserole pour remettre à cuire 1 bonne minute sans jamais cesser de remuer au fouet. La crème doit épaissir. Lorsque la crème est prête, mets-la dans un bol et ajoute la moitié du beurre coupé en morceaux en fouettant bien. Verse-la ensuite sur un papier film, referme le tout et place au frais.

5. Lorsque la crème a complètement refroidi, place-la dans un bol pour la détendre au fouet, puis incorpore petit à petit le beurre restant, qui doit être pommade, tout en fouettant au batteur électrique ou au robot (de préférence au robot). Une fois tout le beurre incorporé, fouette à vitesse rapide pendant 5 minutes environ, jusqu'à ce que la crème s'éclaircisse et devienne presque blanche. La crème doit augmenter de volume, être lisse et onctueuse.

6. Commence le montage. Découpe horizontalement le gâteau pour obtenir quatre couches. Au pinceau, imbibe chaque tranche de sirop de fraise. Verse la crème mousseline dans une poche munie d'une douille lisse et garnis chaque étage en réalisant un boudin régulier de crème mousseline qui dépasse légèrement sur les bords. Dépose dans la crème des morceaux de fraise et empile les étages de gâteau en terminant avec le dernier qui sera le sommet. Pour obtenir un gâteau droit, le dessous du gâteau sera le sommet, il s'agit d'un montage à l'envers. À l'aide d'une spatule coudée, lisse grossièrement la crème que tu as volontairement laissée déborder. Décore le gâteau avec les fruits et termine en le saupoudrant de sucre glace. Place-le 1 heure au frais avant de le déguster.

Cupcakes Kinder Surprise®

POUR 9 CUPCAKES
PRÉPARATION : 35 MIN • CUISSON : 22 MIN • RÉFRIGÉRATION : 1 H 10

INGRÉDIENTS

Pour le gâteau vanille

190 g de farine
150 g de beurre mou
150 g de sucre
3 œufs
1 cuil. à café d'arôme de vanille
1 sachet de levure

Pour la ganache Kinder®

360 g de Kinder maxi®
15 cl de crème liquide entière

Pour le montage

50 g de chocolat au lait
9 Kinder Surprise®

MATÉRIEL

9 caissettes à cupcakes
Poche à douille
Douille étoile
Batteur électrique ou robot
Maryse

1. Préchauffe le four à 180 °C (th. 6).

2. Prépare le gâteau vanille. Dans un bol, verse le beurre mou et le sucre et fouette le tout jusqu'à ce que le mélange devienne mousseux. Ajoute un à un les œufs en fouettant entre chaque ajout. Incorpore la farine, la levure et l'arôme de vanille et fouette jusqu'à ce que le mélange soit bien lisse. Remplis les caissettes de moitié et enfourne pour 22 minutes. Laisse-les ensuite complètement refroidir.

3. Pendant ce temps, prépare la ganache. Hache grossièrement les Kinder maxi® et fais-les légèrement fondre au micro-ondes ou au bain-marie. Fais bouillir la crème et verse-la sur les Kinder®. Mélange le tout délicatement à la maryse jusqu'à obtenir une crème lisse et brillante. Verse-la sur du film plastique et place-la au frais pendant 1 heure. La ganache a suffisamment refroidi lorsqu'elle est ferme. Place-la dans un bol et fouette-la à grande vitesse au batteur électrique ou au robot jusqu'à ce qu'elle ait une belle tenue.

4. Commence le montage. Fais fondre le chocolat au lait au micro-ondes ou au bain-marie. À l'aide d'un couteau, creuse légèrement les sommets des cupcakes. Trempe le bas des Kinder Surprise® dans le chocolat fondu et colle-les au sommet des cupcakes creusés. Place-les au frais 10 minutes pour que le chocolat fige. Verse la ganache dans une poche munie d'une douille étoile et poche la crème tout autour de l'œuf Kinder® pour le camoufler entièrement.

On fait la fête ...

Galette des rois

Macarons faciles

POUR 20 MACARONS
PRÉPARATION : 50 MIN • CUISSON : 14 MIN • REPOS : 50 MIN • RÉFRIGÉRATION : 30 MIN

INGRÉDIENTS

Pour la meringue française

80 g de sucre glace • 80 g de blancs d'œuf • Du colorant alimentaire brun

Pour les coques

100 g de poudre d'amandes • 100 g de sucre glace

Pour la crème frangipane

150 g de poudre d'amandes • 90 g de sucre en poudre • 90 g de beurre mou • 80 g de yaourt nature • 15 g d'amandes effilées

MATÉRIEL

Batteur électrique ou robot • Mixeur (optionnel, mais recommandé) • 2 poches à douille • Douille lisse • Papier cuisson • Maryse

1. Prépare la meringue française. Place les blancs dans un bol et commence à les fouetter à vitesse moyenne au batteur électrique ou au robot (de préférence au robot). Quand ils commencent à mousser, ajoute le sucre par petites quantités en trois ou quatre fois tout en continuant de battre et en augmentant progressivement la vitesse. Une fois tout le sucre versé, fouette le mélange jusqu'à l'obtention d'une meringue bien lisse et brillante. Elle doit former un bec d'oiseau sur le fouet. Ajoute le colorant brun et fouette quelques secondes.

2. Préchauffe le four à 145 °C (th. 4-5). Prépare les coques. Mixe finement les amandes et le sucre glace. Tu peux passer cette étape, mais elle est conseillée, car c'est ce qui t'aidera à obtenir des coques bien lisses. Verse les poudres (amandes + sucre glace) sur la meringue. Mélange le tout à la maryse en ramenant l'appareil de l'extérieur vers l'intérieur et en soulevant la masse. N'aie pas peur de bien mélanger, même parfois un peu plus vigoureusement en écrasant l'appareil contre les parois du bol. Il est prêt lorsqu'il est bien brillant et forme un léger ruban. S'il est trop liquide, tu as trop macaronné.

3. Verse l'appareil dans une poche munie d'une douille lisse et poche les macarons sur une plaque revêtue d'un papier cuisson. Pour cela, forme des petits ronds bien réguliers, en quinconce. Laisse croûter les macarons 20 minutes. Le macaron a croûté lorsqu'en le touchant avec le doigt sec il ne colle pas.

4. Enfourne les macarons pour 14 minutes. Attention ! Ça dépend des fours ! Les macarons sont capricieux et il te faudra sûrement tester plusieurs temps de cuisson et plusieurs températures avant de trouver les bons ! Arme-toi de patience… Les coques sont cuites quand elles ne s'enfoncent pas dans la collerette si tu appuies légèrement dessus. Aussi, elles doivent se détacher facilement du papier cuisson. Laisse-les refroidir quelques instants puis retourne-les lorsqu'elles sont encore tièdes. Enfonce doucement le pouce au centre des coques pour les creuser un peu. Cela permettra de mettre plus de garniture, pour les petits gourmands. Laisse-les ensuite complètement refroidir.

5. Prépare la crème frangipane. Dans un bol, fouette le sucre et le beurre mou jusqu'à ce que le mélange soit mousseux. Ajoute la poudre d'amandes, les amandes effilées et mélange. Verse le yaourt et incorpore-le délicatement au fouet. Place le tout au frais 30 minutes pour que la frangipane prenne de la consistance.

6. Place la frangipane dans une poche à douille, garnis généreusement la moitié des coques et referme avec la moitié restante de coques.

Chandeleur

Gâteau de crêpes au chocolat

POUR 8 PERSONNES

PRÉPARATION : 25 MIN • CUISSON : 30 MIN • RÉFRIGÉRATION : 2 H

INGRÉDIENTS

Pour la pâte à crêpes

- 250 g de farine
- 50 g de beurre fondu
- 50 g de sucre
- 50 cl de lait
- 4 œufs
- 1 sachet de sucre vanillé
- Un peu de beurre pour la cuisson et pour le moule

Pour la ganache chocolat

- 200 g de chocolat noir
- 200 g de crème liquide entière à 30 % de matière grasse

MATÉRIEL

- Poêle à crêpes ou crêpière
- Batteur électrique
- Cercle de 20 cm
- Papier cuisson
- Maryse

1. Prépare la pâte à crêpes. Mets la farine dans un bol avec les sucres. Fais un puits au milieu et verses-y les œufs légèrement battus à la fourchette et le beurre fondu. Au batteur électrique, fouette le mélange en ajoutant petit à petit le lait froid. La pâte doit être fluide et sans grumeaux. Si elle te semble trop épaisse, rajoute un peu de lait.

2. Graisse légèrement la poêle chaude et verses-y une petite louche de pâte. Fais un mouvement de rotation pour répartir la pâte sur toute la surface, pose sur le feu et quand le tour de la crêpe se colore en roux clair, il est temps de la retourner. Laisse cuire 1 minute environ de ce côté et la crêpe est prête. Répète l'opération jusqu'à épuisement de la pâte.

3. Prépare la ganache chocolat. Fais fondre le chocolat au micro-ondes ou au bain-marie. Place la crème sur feu doux jusqu'à ébullition. Verse-la sur le chocolat et mélange à l'aide d'une maryse jusqu'à ce que la préparation soit homogène.

4. Commence le montage. Beurre généreusement les parois du cercle et pose-le sur une feuille de papier cuisson. Si besoin, recoupe les crêpes à la taille du moule. Pose une crêpe dans le cercle, puis recouvre-la de ganache. Remets ensuite une crêpe, puis de la ganache, et ainsi de suite. Termine en haut du moule avec une crêpe.

5. Place au frais pour 2 heures avant de démouler. Pour plus de gourmandise, sers le gâteau de crêpes avec de la chantilly ou de la crème anglaise !

Saint-Valentin

Pommes d'amour

POUR 4 POMMES
PRÉPARATION : 15 MIN • CUISSON : 5 MIN • REPOS : 25 À 35 MIN

INGRÉDIENTS

4 petites pommes rouges Pink Lady®

150 g de sucre

20 cl d'eau

Du colorant alimentaire rouge

MATÉRIEL

4 grandes piques à brochettes en bois

Papier cuisson

1. Commence par laver les pommes. Enlève la tige et enfonce les piques à brochettes au centre de chaque pomme.

2. Verse l'eau et le sucre dans une casserole et mets sur feu doux jusqu'à obtenir une coloration ambrée. Hors du feu, colore le caramel avec le colorant rouge et laisse reposer 5 minutes pour éviter d'avoir des bulles sur la pomme.

3. Plonge rapidement les pommes par la pique dans le mélange rouge, en les recouvrant entièrement (une seule fois suffit !).

4. Dispose ensuite les pommes, la pique en haut, sur une plaque recouverte de papier cuisson. Attends 20 à 30 minutes avant de les déguster.

Saint-Valentin

Cake surprise chocolat-framboise

POUR 6 À 8 PERSONNES
PRÉPARATION : 50 MIN • CUISSON : 1 H 40 • REPOS : 1 H 20

INGRÉDIENTS

Pour le gâteau au yaourt framboise

1 yaourt non allégé saveur framboise (tu peux aussi le faire nature ou autre) • 2 pots de sucre (utilise le pot de yaourt vide comme mesure) • 3 pots de farine • 3 œufs • 1/2 pot d'huile neutre • 1 sachet de levure • 1 sachet de sucre vanillé • Du colorant alimentaire rose • Du beurre pour le moule

Pour le cake chocolat

200 g de chocolat noir fondu • 150 g de farine • 100 g de sucre en poudre • 100 g de beurre fondu (+ un peu pour le moule) • 20 cl de lait concentré non sucré • 3 œufs • 1 sachet de levure chimique

Pour le glaçage chocolat

150 g de sucre • 100 g de chocolat noir • 70 g d'eau • 10 cl de crème liquide entière à 30 % de matière grasse

MATÉRIEL

Moule à cake de 26 cm • Emporte-pièce cœur • Papier cuisson

1. Préchauffe le four à 180 °C (th. 6).

2. Prépare le gâteau au yaourt framboise. Dans un bol, verse le yaourt, les œufs, l'huile neutre et fouette le tout. Ajoute les sucres, la farine et la levure. Mélange avec le fouet pour obtenir une pâte bien lisse et homogène. Termine en colorant la pâte avec le colorant rose clair. Verse la pâte colorée dans un moule à cake beurré et enfourne pour 40 minutes. Si le sommet du cake colore trop pendant la cuisson, recouvre-le d'une feuille de papier d'aluminium.

3. À la sortie du four, attends une dizaine de minutes, puis démoule-le et laisse-le complètement refroidir. Une fois refroidi, découpe-le en tranches de 1 cm d'épaisseur. À l'aide de l'emporte-pièce, taille des cœurs au centre de chaque tranche. Place-les de côté, sur une feuille de papier cuisson.

4. Préchauffe le four à 180 °C (th. 6).

5. Prépare le cake chocolat. Bats les œufs avec le sucre, ajoute le beurre fondu, puis progressivement la farine, la levure et le chocolat fondu. Incorpore le lait concentré et mélange. La pâte doit être bien lisse. Dépose un fond de pâte chocolat (4 cm environ) dans le moule à cake beurré. Dépose les cœurs les uns contre les autres dans toute la longueur du moule en les collant bien entre eux et en les enfonçant légèrement dans la pâte chocolat. Recouvre le tout en versant le restant de pâte et enfourne pour 45 minutes. À la sortie du four, attends 10 minutes avant de démouler, puis, dépose le cake sur une grille pour le laisser refroidir.

6. Prépare le glaçage chocolat. Fais bouillir l'eau et le sucre jusqu'à obtenir un caramel doré. Hors du feu ajoute la crème entière et remets à chauffer sur feu doux pour 2 minutes. Ajoute le chocolat et laisse sur feu doux encore 2 minutes en mélangeant. Verse le glaçage sur le cake et décore-le à ta guise !

Pâques

Cuits dans l'œuf

POUR 10 À 12 ŒUFS

PRÉPARATION : 15 MIN • CUISSON : 10 MIN • REPOS : 2 MIN

INGRÉDIENTS

Pour le gâteau vanille

170 g de beurre
170 g de sucre en poudre
160 g de farine
3 œufs
1 cuil. à café de levure
1 gousse de vanille
Du colorant alimentaire rose

Pour la cuisson

10 à 12 coquilles d'œufs (casse les œufs à la base, comme un œuf à la coque pour le vider, fais-les bouillir et laisse sécher les coquilles)

MATÉRIEL

Moule à muffins
Poche à douille

1. Préchauffe le four à 180 °C (th. 6).

2. Prépare le gâteau vanille. Dans un bol, fouette les œufs et le sucre jusqu'à ce que le mélange blanchisse. Ajoute la farine, la levure et fouette de nouveau. Fais fondre le beurre au micro-ondes ou au bain-marie, laisse-le refroidir 2 minutes et incorpore-le au mélange. Fends en deux la gousse de vanille et récupère les graines pour les verser dans le bol. Termine en ajoutant le colorant alimentaire. La pâte doit être lisse et homogène.

3. Verse la préparation dans une poche à douille et remplis chaque coquille d'œuf à moitié. Dépose les coquilles dans un moule à muffins et, si besoin, aide-toi de papier d'aluminium pour les stabiliser afin d'éviter qu'elles ne se renversent.

4. Enfourne pour 10 minutes. Enfonce un cure-dent pour vérifier la cuisson, il doit ressortir sec. Laisse-les refroidir avant de les déguster !

ASTUCE

Tu peux t'amuser à peindre les coquilles pour ensuite les mettre dans une boîte à œufs en les retournant pour cacher le trou pour que le trompe-l'œil soit parfait !

Halloween

Cheesecake

POUR 10 PERSONNES

PRÉPARATION : 25 MIN • CUISSON : 1 H • RÉFRIGÉRATION : 12 H 30 • REPOS : 20 À 25 MIN

INGRÉDIENTS

Pour la base

200 g de spéculoos

75 g de beurre fondu

Pour la crème fromagère

300 g de fromage blanc

300 g de fromage frais type Philadelphia®

100 g de sucre en poudre

3 œufs

Du colorant alimentaire orange (optionnel)

Pour la décoration

60 g de chocolat noir

MATÉRIEL

Moule à charnière de 20 cm (pour faciliter le démoulage, ou un moule classique chemisé de papier cuisson)

Poche à douille

1. La veille, prépare la base. Dans un bol, réduis les spéculoos en poudre, ajoute le beurre fondu et travaille le tout à la cuillère. Dispose le mélange au fond du moule en appuyant bien avec le dessous d'une cuillère à soupe ou avec un verre. Place le tout au frais le temps de préparer la crème.

2. Préchauffe le four à 175 °C (th. 5-6).

3. Prépare la crème fromagère. Fouette ensemble le fromage blanc et le fromage frais, puis ajoute le sucre. Incorpore ensuite les œufs un à un en fouettant bien entre chaque ajout. Termine avec le colorant alimentaire orange.

4. Verse la crème sur la base spéculoos et enfourne pour 1 heure. Le gâteau va gonfler, mais il retombera après la cuisson ! Aussi, si tu vois qu'il colore trop sur le dessus, recouvre-le d'une feuille de papier d'aluminium. Le gâteau doit être légèrement tremblotant à la fin de la cuisson, il va finir de cuire doucement. Laisse-le dans le four éteint pendant 10 minutes avant de le sortir. Place-le au frais pour la nuit (12 heures).

5. Le lendemain, fais fondre le chocolat au micro-ondes ou au bain-marie. Il ne doit pas être trop chaud et coulant ! Laisse-le refroidir 10 à 15 minutes pour qu'il épaississe légèrement, puis verse-le dans une poche à douille dans laquelle tu fais un petit trou au bout. Dessine une toile d'araignée sur le cheesecake et replace au frais 30 minutes avant de le déguster.

Halloween

Gâteau red velvet cervelle

POUR 6 PERSONNES
PRÉPARATION : 50 MIN • CUISSON : 50 MIN • REPOS : 40 MIN • RÉFRIGÉRATION : 2 H

INGRÉDIENTS

Pour le gâteau Red Velvet

- 300 g de farine (+ un peu pour le moule)
- 275 g de sucre en poudre
- 20 g de cacao en poudre non sucré
- 20 g de beurre mou (+ un peu pour le moule)
- 24 cl de lait entier
- 2 œufs
- 2 cuil. à café de vinaigre blanc
- 1 cuil. à café d'arôme de vanille
- 1 cuil. à café de bicarbonate
- Du colorant alimentaire rouge

Pour la décoration

- 500 g de pâte à sucre ivoire ou de pâte d'amandes
- 8 cl de coulis de fraises

MATÉRIEL

- Moule demi-sphère de 15 cm ou bol supportant la cuisson au four
- Pinceau à pâtisserie

1. Préchauffe le four à 170 °C (th. 5-6).

2. Prépare le gâteau Red Velvet. Verse le vinaigre blanc dans le lait et laisse reposer 10 minutes. Dans un bol, fouette le beurre mou et le sucre. Ajoute ensuite les œufs et mélange jusqu'à ce qu'ils soient bien incorporés. Ajoute le cacao, la farine, l'arôme de vanille et le bicarbonate. Verse petit à petit le mélange lait-vinaigre en fouettant vivement. Termine avec le colorant rouge ! N'aie pas peur d'avoir la main lourde…

3. Verse la pâte dans le moule chemisé et enfourne pour 50 minutes. Vérifie la cuisson en plantant la lame d'un couteau au cœur du gâteau : elle doit ressortir sèche. À la sortie du four, démoule le gâteau et laisse-le complètement refroidir.

4. Réalise la décoration. Tu peux, si tu le souhaites, retailler le gâteau pour lui donner la forme le plus ressemblant possible à une cervelle. À l'aide du dos d'un couteau, fais une marque tout le long du gâteau de façon à le diviser en deux pour repérer les deux « hémisphères » de la future cervelle. Badigeonne entièrement le gâteau de coulis de fraises avec un pinceau. Roule la pâte à sucre (ou pâte d'amandes) en boudins, puis place-les en tortillons sur le gâteau. Badigeonne le tout délicatement de coulis de fraises.

5. Laisse reposer 2 heures au réfrigérateur avant de servir. Et pour terrifier encore plus tes invités, plante un couteau dans le gâteau avant de l'apporter à table !

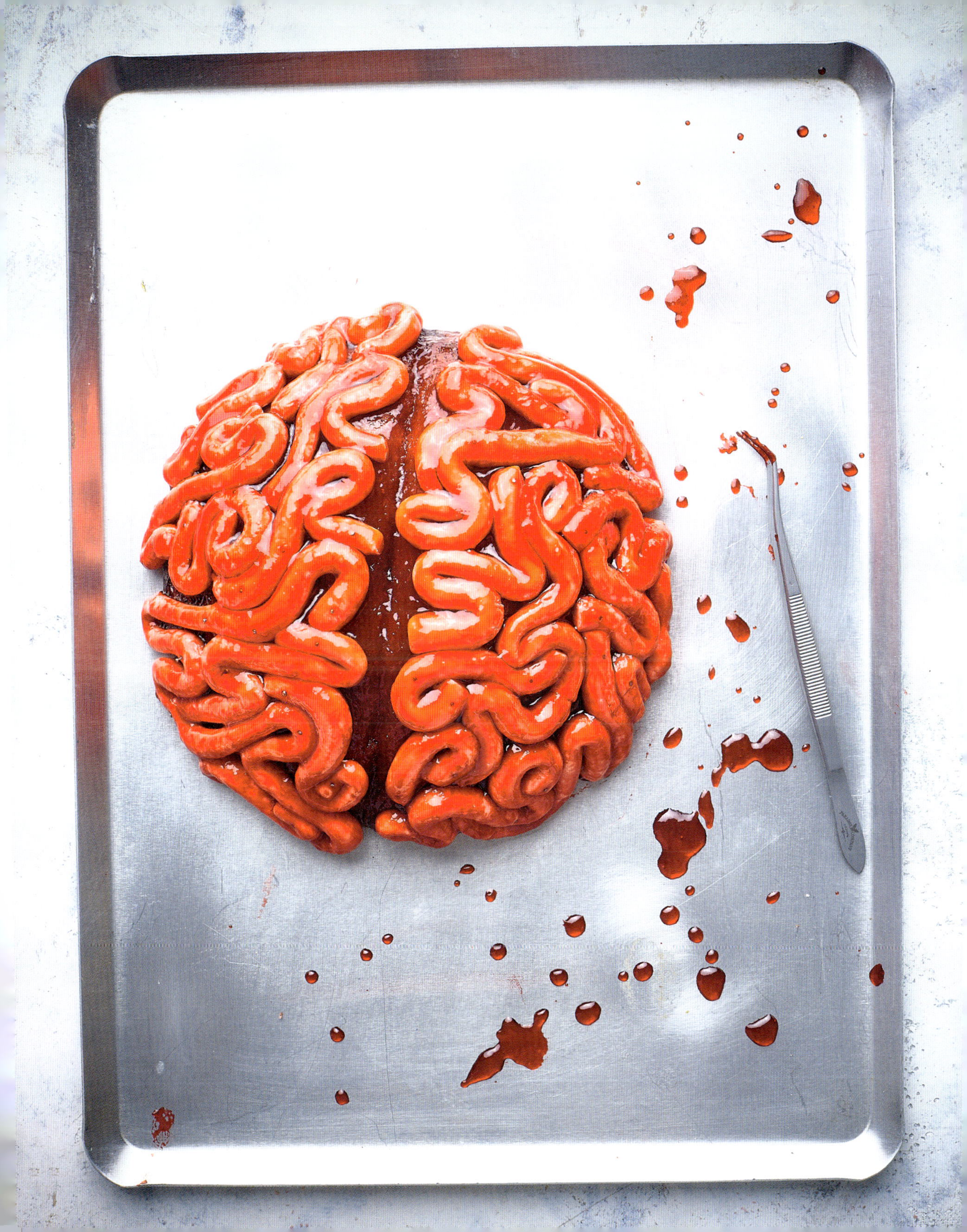

Pop tarts momies

POUR UNE DIZAINE DE POP TARTS

PRÉPARATION : 40 MIN • CUISSON : 18 MIN • RÉFRIGÉRATION : 1 H • REPOS : 30 À 25 MIN

INGRÉDIENTS

Pour la pâte

250 g de farine (+ un peu pour le plan de travail)

125 g de beurre

50 g de sucre glace

30 g de sucre roux

2 jaunes d'œufs (dont 1 pour la dorure)

4 cuil. à soupe de lait

1 pincée de sel

Pour la garniture et la décoration

De la confiture (au choix)

De la pâte à sucre blanche et noire

MATÉRIEL

Pinceau à pâtisserie

Rouleau à pâtisserie

Papier cuisson

Maryse

1. Prépare la pâte. Dans un bol, verse le beurre coupé en dés, le sucre glace, le sel et la farine. Travaille le mélange du bout des doigts jusqu'à ce qu'il soit sablé. Ajoute 1 jaune, le lait et commence à travailler à la maryse en écrasant la pâte, puis termine à la main. La pâte doit être homogène et ne doit pas coller. Filme-la et laisse reposer 1 heure au frais.

2. Préchauffe le four à 180 °C (th. 6).

3. Effleure le plan de travail avec un peu de farine et avec un rouleau à pâtisserie, étale la pâte sur 2 ou 3 mm. Découpe des rectangles de 6 x 10 cm et de fines bandes de 6 cm dans la pâte restante.

4. Dispose les rectangles sur une plaque recouverte de papier cuisson et dépose au centre de chacun d'eux 1 cuillerée à soupe de confiture, jusqu'à 1 cm environ de chaque bord. Applique un peu d'eau au pinceau sur les bords et recouvre avec les bandes de pâte en les posant de façon aléatoire. Fais-les adhérer sur les bords que tu as humidifiés en exerçant une pression dessus. Badigeonne les pop tarts au pinceau avec le jaune d'œuf restant et saupoudre-les de sucre roux.

5. Enfourne pour 18 minutes, puis laisse complètement refroidir avant de les décorer avec des petits yeux que tu réalises en pâte à sucre.

Halloween

Roulé imprimé

POUR 8 PERSONNES
PRÉPARATION : 50 MIN • CUISSON : 20 MIN • RÉFRIGÉRATION : 14 H
CONGÉLATION : 15 MIN • REPOS : 30 MIN

INGRÉDIENTS

Pour la ganache montée chocolat au lait

450 g de crème liquide entière à 30 % de matière grasse • 300 g de chocolat au lait

Pour la pâte décor

20 g de beurre mou • 20 g de blanc d'œuf • 20 g de sucre • 20 g de farine • Du colorant alimentaire noir

Pour la génoise

120 g de sucre • 120 g de farine • 4 œufs • Du colorant alimentaire orange

MATÉRIEL

Batteur électrique ou robot • 1 ou 2 poches à douille selon les dessins souhaités • Un dessin sur le thème d'Halloween • Papier cuisson • Maryse

1. La veille, prépare la ganache. Coupe le chocolat en petits morceaux et fais-le fondre au micro-ondes ou au bain-marie. Fais bouillir la crème et verse-la en trois fois sur le chocolat fondu, tout en mélangeant délicatement avec une maryse. La ganache doit être lisse et brillante. Filme le tout et mets au frais pendant la nuit (12 heures).

2. Le lendemain, réalise la pâte à décor. Fouette le beurre mou et le sucre, puis ajoute le blanc d'œuf et la farine. La pâte doit être lisse et sans grumeaux. Réserve 2 cuillerées à café de pâte et colore le reste en noir (la quantité peut varier selon le dessin que tu décides de faire). Place les pâtes dans les poches à douille dans lesquelles tu fais un tout petit trou au bout. Dépose le dessin que tu souhaites réaliser sur une plaque de pâtisserie et recouvre-le d'une feuille de papier cuisson. Tu n'auras plus qu'à suivre le patron, comme un calque, et remplir les dessins avec la pâte à décor. Une fois les dessins réalisés, place la plaque au congélateur.

3. Préchauffe le four à 180 °C (th. 6).

4. Prépare la génoise. Clarifie les œufs. Monte les blancs en neige au batteur électrique ou au robot. Dans un bol, fouette les jaunes d'œufs avec le sucre jusqu'à ce que le mélange blanchisse, ajoute la farine et incorpore les blancs en neige délicatement. Colore la pâte en mélangeant délicatement avec la maryse.

5. Récupère la plaque qui était au congélateur et verse la pâte à génoise sur les dessins que tu as réalisés. La pâte à génoise doit recouvrir toute la plaque à pâtisserie. Enfourne pour 12 minutes. À la sortie du four, démoule la génoise sur un torchon légèrement humidifié, roule-la immédiatement, puis laisse-la refroidir.

6. Commence le montage. Récupère la ganache qui a pris au frais toute la nuit et place-la dans un bol. Fouette-la jusqu'à l'obtention d'une consistance de crème Chantilly. Déroule la génoise et retire délicatement le papier cuisson en prenant garde à ne pas décoller les petits dessins. Répartis généreusement la ganache montée sur toute la surface de la génoise. Enroule-la délicatement sur elle-même et coupe les entames. Place la bûche au frais pour 2 heures minimum avant de la déguster.

Noël

Cookie shot lait pour le père Noël

POUR 10 COOKIES
PRÉPARATION : 25 MIN • CUISSON : 10 À 18 MIN • CONGÉLATION : 10 MIN
REPOS : 30 MIN • RÉFRIGÉRATION : 30 MIN

INGRÉDIENTS

200 g de farine
125 g de cassonade
100 g de pépites de chocolat
100 g de beurre mou
60 g de chocolat noir
1 œuf
1 cuil. à café d'arôme de vanille
Du lait

MATÉRIEL

Moule à muffins
Petit rouleau à pâtisserie ou un bouchon
Pinceau à pâtisserie
Maryse

1. Prépare les cookies. Dans un bol, mets le beurre mou, la cassonade et l'arôme de vanille, puis fouette jusqu'à ce que le mélange devienne mousseux. Ajoute l'œuf et fouette de nouveau. Incorpore délicatement la farine, puis les pépites de chocolat. Termine en travaillant la pâte à la maryse ou avec les mains.

2. Répartis la pâte dans les empreintes du moule à muffins et tapisse en couche épaisse le fond et les parois. Réserve au congélateur 10 minutes.

3. Préchauffe le four à 180 °C (th. 6) et enfourne pour 15 à 18 minutes.

4. Dès la sortie du four, enfonce le rouleau à pâtisserie ou un bouchon au cœur de la pâte à cookie cuite, mais encore malléable, pour recréer une cavité (à défaut, creuse avec une petite cuillère). Laisse totalement refroidir avant de démouler.

5. Fais fondre le chocolat au micro-ondes ou au bain-marie et tapisse l'intérieur de chaque cookie shot à l'aide d'un pinceau.

6. Place-les 30 minutes au frais avant de les remplir de lait et de les servir.

Noël

Sapin au Nutella®

POUR 8 PERSONNES
PRÉPARATION : 15 MIN • CUISSON : 25 MIN

INGRÉDIENTS

2 pâtes feuilletées

3 à 4 cuil. à soupe de Nutella® (ou confiture, pâte à spéculoos…)

1 œuf pour la dorure

Un peu de sucre glace

Des petits bonbons

MATÉRIEL

Pinceau à pâtisserie

1. Préchauffe le four à 180 °C (th. 6).

2. Déroule la première pâte feuilletée en la laissant sur sa feuille de cuisson. Étale le Nutella® sur toute la surface de la pâte et couvre avec la seconde pâte feuilletée.

3. À l'aide d'un couteau, découpe la pâte en forme de sapin. Découpe ensuite des bandes de 1,5 cm de pâte sur les deux côtés en veillant à garder le centre intact, puis enroule délicatement chaque lamelle afin de la torsader.

4. Badigeonne le sapin d'œuf battu avec le pinceau. Enfourne pour 25 minutes jusqu'à ce que la pâte soit bien dorée.

5. À la sortie du four, décore le sapin avec les bonbons et termine en le saupoudrant de sucre glace.

Bûche de Noël roulée chocolat-clémentines

POUR 6 À 8 PERSONNES
PRÉPARATION : 50 MIN • CUISSON : 30 MIN • REPOS : 12 H • RÉFRIGÉRATION : 2 H 30

INGRÉDIENTS

Pour la ganache chocolat (à faire la veille)

150 g de chocolat noir • 150 g de crème entière liquide à 30 % de matière grasse

Pour la génoise

120 g de sucre • 120 g de farine • 4 œufs

Pour la crème pâtissière à la clémentine

80 g de sucre • 30 g de Maïzena® • 27,5 cl de lait • 2,5 cl de jus de clémentine • 3 jaunes d'œufs • 1 gousse de vanille • Les zestes de 2 clémentines (ou plus, selon ton goût)

MATÉRIEL

Batteur électrique ou robot • Papier cuisson • Papier film • Maryse

1. La veille, prépare la ganache chocolat. Fais fondre le chocolat au micro-ondes ou au bain-marie. Place la crème sur feu doux jusqu'à ébullition. Verse-la sur le chocolat et mélange à l'aide d'une maryse jusqu'à ce que la préparation soit homogène. Filme le tout et réserve à température ambiante toute la nuit (12 heures) afin que la ganache ait une consistance de pâte à tartiner.

2. Le lendemain, prépare la génoise. Préchauffe le four à 180 °C (th. 6). Clarifie les œufs. Monte les blancs en neige au batteur électrique ou au robot. Dans un bol, fouette les jaunes d'œufs avec le sucre jusqu'à ce que le mélange blanchisse, ajoute la farine et incorpore les blancs en neige délicatement. Verse la pâte sur une plaque recouverte de papier cuisson et enfourne pour 14 minutes. À la sortie du four, démoule le biscuit sur un torchon légèrement humidifié et roule-le immédiatement, puis laisse-le refroidir.

3. Pendant ce temps, prépare la crème pâtissière à la clémentine. Fends la gousse de vanille en deux pour récupérer les graines. Dans une casserole, verse le lait, le jus, les zestes, les graines de vanille et la gousse et porte le tout à ébullition. Dans un bol, fouette les jaunes et le sucre, puis ajoute la Maïzena®. Verse le lait bouillant sur la préparation en mélangeant au fouet. Lorsque l'appareil est homogène, mets-le de nouveau sur le feu et fais cuire sur feu moyen en remuant constamment jusqu'à ce que la crème épaississe. Verse la crème sur un papier film, referme le tout et place au frais jusqu'à complet refroidissement.

4. Commence le montage. Verse la crème pâtissière dans un bol et détends-la légèrement en la fouettant. Déroule la génoise et répartis la crème pâtissière (tu peux y glisser des morceaux de clémentine pour plus de gourmandise). Enroule-la délicatement sur elle-même et coupe les entames. Étale la ganache chocolat qui a épaissi sur toute la surface et réalise les marques de « bûche » à l'aide d'une fourchette. Place la bûche au frais pour 2 heures minimum avant de la déguster.

Noël

Biscuits colorés

POUR 15 BISCUITS

PRÉPARATION : 25 MIN • CUISSON : 10 À 12 MIN • RÉFRIGÉRATION : 30 MIN

INGRÉDIENTS

310 g de farine (+ un peu pour le plan de travail)

170 g de beurre mou

150 g de sucre glace

1 cuil. à café d'arôme de vanille

3 jaunes d'œufs

1 blanc d'œuf

Des colorants alimentaires (rouge et vert)

Des perles alimentaires

MATÉRIEL

Papier cuisson

Maryse

1. Préchauffe le four à 175 °C (th. 5-6).

2. Prépare la pâte à biscuit. Dans un bol, verse le beurre mou, l'arôme de vanille, le sucre glace et fouette le tout jusqu'à ce que le mélange soit bien crémeux. Ajoute un à un les jaunes en fouettant. Ajoute la farine et travaille la pâte à la maryse ou à la main jusqu'à ce que tu puisses former une boule bien lisse.

3. Divise la pâte en trois parties et colores-en deux : une en rouge et une en vert.

4. Saupoudre le plan de travail de farine et étale les trois portions de pâte en rectangles de même taille. Superpose les trois rectangles et réalise un boudin en les enroulant. Découpe des parts de 1 cm environ pour obtenir les biscuits colorés.

5. Badigeonne les bordures des cercles de blanc d'œuf et trempe-les dans les perles en sucre.

6. Dépose les biscuits sur une plaque recouverte de papier cuisson et enfourne pour 10 à 12 minutes.

ASTUCE

Je te conseille des colorants gel, tu n'auras qu'à malaxer la pâte pour la colorer. Place-la au frais 30 minutes avant de la travailler.

Noël

Truffes roses

POUR 25 TRUFFES
PRÉPARATION : 20 MIN • RÉFRIGÉRATION : 2 H

INGRÉDIENTS

200 g de chocolat blanc

40 g de biscuits roses de Reims réduits en poudre

10 g de beurre

5 cl de crème liquide entière à 30 % de matière grasse

Du colorant alimentaire rose

MATÉRIEL

Maryse

1. Coupe le chocolat blanc en tout petits morceaux. Verse la crème entière dans une casserole et mets sur feu doux, jusqu'à frémissement, puis verse-la en deux fois sur le chocolat blanc. Mélange à la maryse pour que le chocolat fonde complètement, puis ajoute 30 g de poudre de biscuits roses, le beurre, le colorant et mélange de nouveau à la maryse.

2. Filme la ganache et place-la au réfrigérateur au minimum 2 heures.

3. Une fois la ganache bien prise, prélèves-en de petites quantités et façonne-les entre la paume des mains pour former des boules.

4. Roule-les dans la poudre de biscuits restante et régale-toi !

Noël

Ferrero Rocher® maison

POUR 20 FERRERO ROCHER®
PRÉPARATION : 30 MIN • RÉFRIGÉRATION : 1 H • CONGÉLATION : 25 MIN

INGRÉDIENTS

225 g de Nutella®
200 g de chocolat au lait
150 g de noisettes en poudre
100 g de gaufrettes
80 g de noix de cajou concassées
Des noisettes entières

MATÉRIEL

Papier cuisson

1. Commence par mixer légèrement les gaufrettes et verse-les dans un bol. Ajoute les noisettes en poudre, le Nutella® et travaille le tout à la cuillère, puis à la main jusqu'à obtenir une pâte homogène. Si elle te semble trop friable, ajoute du Nutella®.

2. Lave-toi les mains et sèche-les bien. Forme des petites boules de pâte, fais un petit trou au centre et glisses-y une noisette entière avant de refermer le tout. Dépose les boules sur une plaque recouverte de papier cuisson et place-la au congélateur pour 25 minutes.

3. Fais fondre le chocolat au lait au micro-ondes ou au bain-marie, puis ajoutes-y les noix de cajou concassées et mélange à la cuillère.

4. Récupère les boules et trempe-les une à une entièrement dans le mélange chocolat-noix de cajou. Aide-toi d'une fourchette pour les sortir et dispose-les sur la plaque recouverte de papier cuisson.

5. Place le tout au frais pour 1 heure avant de déguster.

YouTube
GOURMANDISSIME
CAKE SHOP
YouTube

Les recettes des invités

Carl était mon bras droit dans l'aventure du Meilleur Pâtissier et aussi le premier à me soutenir dans mon projet YouTube ! Il a été grand finaliste de l'émission et nous a fait tous craquer avec ses desserts kawaii ! Retrouve Carl sur Facebook ou Youtube **@Carliscooking**

Le mini-roulé kawaii de Carl

POUR 6 PERSONNES
PRÉPARATION : 45 MIN • CUISSON : 17 MIN • RÉFRIGÉRATION : 1 H 10

INGRÉDIENTS

Pour la pâte à cigarette

60 g de blanc d'œuf
60 g de sucre glace
60 g de beurre mou
60 g de farine
Des colorants alimentaires (marron, rouge et vert)

Pour la génoise

125 g de sucre
125 g de farine
4 œufs
Du colorant alimentaire rose

Pour la crème et la garniture

175 g de crème liquide à 35 % de matière grasse
125 g de fromage à la crème
90 g de sucre
1 cuil. à café d'arôme de vanille
Des cerises fraîches

MATÉRIEL

Batteur électrique ou robot
3 poches à douille
3 douilles lisses fines
Papier cuisson et maryse

1. Prépare la pâte à cigarette. Mélange le beurre mou et le sucre glace pour obtenir une texture lisse. Ajoute le blanc d'œuf, mélange de nouveau et termine avec la farine. Divise la pâte en trois parties et colore-les : une en rouge, une en vert et une en marron. Place les pâtes colorées dans trois poches à douille avec des douilles très fines. Place une feuille de papier sulfurisé sur une plaque de cuisson. À l'aide des pâtes à cigarette colorées, dessine le motif de cerise. Réserve au frais pendant 10 minutes.

2. Préchauffe le four à 180 °C (th. 6). Prépare la génoise. Dans un bol, fouette les œufs et le sucre à l'aide du batteur électrique ou du robot (de préférence avec le robot), pendant au moins 5 minutes. Le mélange doit blanchir et tripler de volume. Colore l'appareil en rose pâle. Ajoute délicatement la farine et mélange à la maryse.

3. Poche la préparation sur le motif sorti du réfrigérateur en faisant attention à ne pas accrocher le dessin en pâte à cigarette. Enfourne pour 17 minutes. Dès la sortie du four, retourne la plaque de cuisson sur le plan de travail et retire délicatement le papier sulfurisé. Coupe la génoise en six mini-rectangles et roule-les sur eux-mêmes, puis laisse-les refroidir.

4. Pendant ce temps, prépare la crème. Au batteur à main, mélange le fromage à la crème, le sucre et la vanille jusqu'à obtenir une belle crème onctueuse. Étale la crème sur les rectangles de génoise que tu auras délicatement déroulés. Dépose des cerises à une extrémité et roule les mini-gâteaux sur eux-mêmes.

5. Place-les 1 heure au frais avant de déguster !

Norbert est pour moi le symbole de la simplicité et de l'authenticité ! Homme à grand succès, il a su rester le même et me fait le grand honneur de publier une recette dans mon livre ! Merci Norbert, pour ta gentillesse et ta disponibilité ! Retrouve Norbert sur Twitter **@NorbertTarayre**

Le praliné maison de Norbert Tarayre

POUR 1 POT
PRÉPARATION : 15 MIN • CUISSON : 30 MIN

INGRÉDIENTS

300 g de noisettes entières
200 g de sucre semoule
70 g d'eau

MATÉRIEL

Thermomètre de cuisson
Cuillère en bois
Mixeur
Papier cuisson
1 pot à confiture vide

1. Préchauffe le four à 160 °C (th. 5-6).

2. Place les noisettes entières sur une plaque recouverte de papier cuisson et enfourne-les 15 à 20 minutes pour les faire torréfier. À la sortie du four, mets-les dans un torchon et frotte-les pour retirer la peau. Attention de ne pas te brûler avec les noisettes chaudes !

3. Dans une casserole, chauffe l'eau avec le sucre jusqu'à 118 °C. Ajoute alors les noisettes et enrobe-les dans le sirop à l'aide d'une cuillère en bois. Petit à petit, elles vont se couvrir d'une pellicule blanche. On dit que le sucre sable. Laisse cuire sur feu doux tout en mélangeant, jusqu'à ce que le sucre fonde et caramélise. Verse alors le mélange sur une feuille de papier sulfurisé et laisse complètement refroidir.

4. Une fois que les noisettes ont figé dans le caramel, concasse le tout grossièrement et place dans le mixeur. Mixe pendant 5 à 7 minutes jusqu'à obtenir une belle pâte.

5. Verse le praliné dans un pot propre et conserve-le au frais (1 à 2 semaines).

Olivier est un papa au grand cœur ! Notre rencontre était inévitable, car notre devise est la même : FAMILLE ET GOURMANDISE ! C'est un blogueur talentueux qui ravira petits et grands avec ses recettes gourmandes ! Pour retrouver Olivier, tape **Papa en cuisine** !

Le gâteau au chocolat sans gluten de Papa en cuisine

POUR 10 PERSONNES
PRÉPARATION : 15 MIN • CUISSON : 30 MIN

INGRÉDIENTS

100 g de sucre roux

100 g de cacao en poudre non sucré

100 g de compote de pommes

80 g de Maïzena®

50 g de beurre mou (+ un peu pour le moule)

4 œufs

Pour la décoration

Sucre glace ou cacao en poudre

MATÉRIEL

Moule rond de 26 cm de diamètre

Batteur électrique

1. Préchauffe le four à 180 °C (th. 6).

2. Sépare les blancs des jaunes et monte les blancs en neige à l'aide du batteur électrique. Fouette les jaunes avec le sucre, puis ajoute le cacao, la Maïzena®, le beurre coupé en cubes et enfin la compote. Incorpore les blancs en neige en trois fois jusqu'à obtenir un mélange lisse.

3. Verse la pâte dans le moule beurré et enfourne pour 30 minutes.

4. Décore à ta guise avec du sucre glace ou du cacao en poudre.

Les sucettes Minecraft de Loïc & Mathys

POUR 12 SUCETTES

PRÉPARATION : 15 MIN • CUISSON : 30 MIN • CONGÉLATION : 20 MIN • RÉFRIGÉRATION : 30 MIN

INGRÉDIENTS

Pour les sucettes

130 g de génoise ou de quatre-quarts

75 g de mascarpone

25 g de sucre glace

Pour le glaçage

300 g de Candy Melts® verts ou de chocolat blanc et de colorant vert

20 g de beurre fondu

De la pâte à sucre noire

MATÉRIEL

2 bâtons de sucette

Un support en polystyrène (ou une boîte à chaussures dans laquelle tu feras de petits trous pour planter les sucettes)

Papier cuisson

1. Dans un bol, émiette la génoise ou le quatre-quarts. Pour aller plus vite, il te suffit de le couper en deux et de frotter les deux morceaux l'un contre l'autre. Ajoute le mascarpone, le sucre glace et travaille le tout à la main. Forme de petits carrés et place-les sur une plaque recouverte de papier cuisson, puis mets-les au congélateur pour 10 minutes. La pâte doit être compacte et les boules faciles à rouler. Si la pâte est trop friable, ajoute du mascarpone.

2. Fais fondre les Candy Melts® ou le chocolat blanc (que tu coloreras ensuite) au micro-ondes ou au bain-marie et trempes-y la pointe des bâtons pour ensuite les enfoncer dans les boules. Replace le tout au congélateur pour 10 minutes. Le chocolat doit complètement figer pour que la boule tienne parfaitement au bâton.

3. Prépare le glaçage. Ajoute le beurre fondu aux Candy Melts® ou au chocolat, mélange et remets si besoin quelques secondes au micro-ondes ou au bain-marie pour que la préparation soit bien lisse. Trempes-y entièrement les sucettes. Secoue-les légèrement pour enlever le surplus et plante-les sur une base de polystyrène, puis mets-les au frais 30 minutes pour que le glaçage fige.

4. Réalise les petites formes du visage avec la pâte à sucre noire et colle-les sur les sucettes avec un soupçon de chocolat fondu.

La gagnante du concours

La surprise d'automne de Lucille

POUR 8 PERSONNES

PRÉPARATION : 30 MIN • CUISSON : 1 H 15 • RÉFRIGÉRATION : 2 H

INGRÉDIENTS

150 g de sucre

125 g de beurre (+ un peu pour le moule)

110 g de farine

50 cl de lait

4 œufs

1 sachet de sucre vanillé

1 cuil. à soupe d'eau

2 gousses de vanille

1 pincée de sel

Pour la décoration

Du sucre glace

MATÉRIEL

Batteur électrique

Moule rond de 20 cm de diamètre

1. Préchauffe le four à 150 °C (th. 5).

2. Fends les gousses de vanille en deux et prélève les graines avec la lame d'un couteau. Fais chauffer le lait avec les graines et les gousses ouvertes et laisse infuser sur feu doux pendant 15 minutes.

3. Sépare les blancs des jaunes. Fouette les jaunes avec les sucres et l'eau jusqu'à ce que le mélange blanchisse. Fais fondre le beurre et incorpore-le aux jaunes blanchis, mélange et ajoute la farine et le sel. Fouette jusqu'à ce que l'appareil soit bien lisse et homogène. Retire les gousses de vanille du lait et verse-le petit à petit dans la préparation. Monte les blancs en neige à l'aide du batteur électrique et incorpore-les délicatement au mélange précédent. Verse la préparation dans un moule beurré et enfourne pour 50 minutes.

4. À la sortie du four, le gâteau est légèrement tremblotant, pas de panique, c'est normal ! Place-le 2 heures au réfrigérateur jusqu'à ce qu'il fige. Pour plus de gourmandise, saupoudre le gâteau de sucre glace avant de le déguster.

Lucille, Laëtitia, Alexia et Aurélie sont des abonnées qui ont gagné un concours que j'avais lancé en 2016. Pour cela, elles m'ont envoyé des photos de leurs créations et ont gagné la publication de leur création dans mon livre !

La charlotte chocolatée de Laëtitia

POUR 6 PERSONNES
PRÉPARATION : 50 MIN • RÉFRIGÉRATION : 3 H 30

INGRÉDIENTS

400 g de chocolat noir
50 g de beurre
5 œufs
1 boîte de biscuits à la cuillère
1 verre de lait
1/2 sachet de sucre vanillé

MATÉRIEL

Moule à charlotte
Batteur électrique
Maryse

1. Prépare la mousse au chocolat. Fais fondre le beurre et le chocolat au micro-ondes ou au bain-marie. Remue le tout à l'aide d'une maryse jusqu'à ce que le mélange soit lisse. Sépare le blanc des jaunes. Ajoute les jaunes d'œufs au mélange beurre-chocolat et fouette jusqu'à ce que la préparation soit bien lisse. Ajoute le sachet de sucre vanillé et mélange de nouveau. À l'aide d'un batteur électrique, monte les blancs en neige et incorpore-les délicatement au mélange précédent.

2. Réserve la mousse au chocolat pendant 30 minutes au réfrigérateur.

3. Commence le montage. Verse le lait dans une assiette pour y tremper les biscuits pendant 3 à 5 secondes. Recouvre les parois et le fond du moule à charlotte avec les biscuits imbibés. Sors la mousse au chocolat du réfrigérateur et verses-en la moitié dans le moule. Dispose dessus 4 ou 5 biscuits imbibés et recouvre avec la mousse au chocolat restante.

4. Réserve la charlotte 3 heures au frais avant de la déguster !

Le nuage citronné d'Alexia

POUR 8 PERSONNES
PRÉPARATION : 1 H 30 • CUISSON : 15 MIN • CONGÉLATION : 1 H •
REPOS : 30 MIN • RÉFRIGÉRATION : 4 H

INGRÉDIENTS

Pour la base spéculoos

250 g de spéculoos

65 g de beurre fondu

Pour l'insert lemon curd

12 cl de jus de citron

175 g de beurre coupé en morceaux

120 g de sucre

3 œufs

2 feuilles de gélatine

Pour la mousse citron

250 g de mascarpone

40 cl de crème liquide à 35 % de matière grasse

10 cl de jus de citron

4 cuil. à soupe de sucre

4 feuilles de gélatine

Pour le miroir citron

10 cl de jus de citron

3 cuil. à soupe de sucre

2 feuilles de gélatine

1 pointe de colorant alimentaire jaune

MATÉRIEL

Cercle de 24 cm

Cercle de 20 cm

Mixeur plongeant

1. Prépare la base spéculoos. Mixe le spéculoos en fine poudre et verses-y le beurre fondu. Mélange pour obtenir une pâte sablée. Tasse le tout au fond du cercle de 24 cm préalablement posé sur une assiette ou sur un disque de présentation. Réserve au frais.

2. Prépare l'insert lemon curd. Place les feuilles de gélatine dans un grand bol d'eau froide. Verse le jus de citron, le sucre et les œufs dans une casserole. Fais chauffer sur feu doux tout en remuant à l'aide d'un fouet. Lorsque le mélange arrive à ébullition, retire la crème du feu et ajoute la gélatine essorée et le beurre coupé en morceaux. À l'aide d'un mixeur plongeant, mixe la crème pendant 2 minutes pour la rendre lisse et homogène. Place le cercle de 20 cm sur la base spéculoos, verse le lemon curd et mets le tout au congélateur pour 30 minutes.

3. Prépare la mousse citron. Place les feuilles de gélatine dans un grand bol d'eau froide pendant 10 minutes. Fais tiédir le jus de citron avec le sucre pour ensuite y ajouter la gélatine essorée. Monte la crème en chantilly bien ferme. Fouette le mascarpone et incorpore-le à la chantilly. Termine en ajoutant le jus de citron refroidi.

4. Sors la base du congélateur et enlève le cercle de 20 cm. Verse par-dessus la mousse citron et remets au congélateur pour 30 minutes.

5. Prépare le miroir citron. Place les feuilles de gélatine dans un grand bol d'eau froide pendant 10 minutes. Fais tiédir le jus de citron avec le sucre pour ensuite y ajouter la gélatine essorée. Colore le tout et laisse refroidir. Verse ensuite le glaçage sur l'entremets.

6. Réserve au frais 4 heures avant de retirer le cercle et de déguster !

L'ourson gourmand d'Aurélie

POUR 6 PERSONNES
PRÉPARATION : 30 MIN • RÉFRIGÉRATION : 2 H 30

INGRÉDIENTS

1 génoise au chocolat ou à la vanille
500 g de chocolat noir
400 g de marshmallows
1 cuil. à soupe d'eau

MATÉRIEL

Moule à gâteau ourson

1. Fais fondre le chocolat au micro-ondes ou au bain-marie et verses-en un peu plus de la moitié dans le moule ourson afin de recouvrir toutes les cavités. Égoutte-le pour enlever le surplus. Place le tout au frais pendant 30 minutes.

2. Répète l'opération une seconde fois, en laissant un peu de chocolat de côté. Remets le tout au frais pour 30 minutes.

3. Verse les marshmallows et l'eau dans un bol et fais-les complètement fondre au micro-ondes ou au bain-marie.

4. Sors le moule du réfrigérateur, dispose une couche de marshmallows fondus, puis une couche de génoise, une seconde couche de marshmallows et termine en recouvrant avec le chocolat fondu restant.

5. Place au frais 1 h 30 avant de déguster !

Mes astuces

Comment cuire un gâteau haut si on ne dispose pas de moule adapté ?

Exemple avec un moule de 20 cm de diamètre et de 5 cm de hauteur

1. Découpe un cercle de papier cuisson de la taille du moule. Découpe ensuite une bande de papier cuisson de 24 cm de long x 10 cm de haut.

2. Beurre le moule ou graisse-le avec de l'huile neutre.

3. Colle le papier cuisson sur le fond du moule.

4. Colle ensuite la bande de papier sur toute la paroi du moule.

5. Tu obtiendras ainsi un moule d'une hauteur de 10 cm.

Comment réaliser un pochage tricolore ?

Avec une douille étoile (idéalement la 1M de chez Wilton)

1. Place une bande de papier film sur le plan de travail.

2. Dépose verticalement une première bande de crème colorée. Répète l'opération en accolant les deux autres crèmes colorées.

3. Enroule le tout comme un boudin

4. Place le boudin obtenu dans la poche à douille munie d'une douille étoilée.

5. Et il ne te reste plus qu'à pocher !

Comment pocher un topping sur un cupcake ?

Avec une douille étoile (idéalement la 1M de chez Wilton)

1. Place la poche à douille à l'extrémité du cupcake en gardant bien un angle droit.

2. Tout en appuyant légèrement sur la poche, commence à pocher en formant un cercle sur tout le tour.

3. Continue sans t'arrêter en fermant le tout vers l'intérieur comme pour former une glace italienne.

Comment recouvrir un gâteau de pâte à sucre ?

1. Saupoudre le plan de travail et le rouleau de sucre glace.

2. Malaxe la pâte à sucre pour la ramollir et étale-la à l'aide du rouleau à pâte à sucre (ou d'un rouleau à pâtisserie) pour obtenir un disque de pâte de 0,5 cm d'épaisseur environ.

3. Enroule la pâte à sucre sur le rouleau et déroule-la sur le gâteau préalablement lissé avec de la crème pour que la pâte à sucre adhère.

4. Enlève délicatement les plis formés comme si tu défroissais une jupe.

5. Avec les mains, lisse délicatement les bords pour recouvrir totalement le gâteau. Caresse ensuite toute la surface du gâteau avec un lisseur pour donner un aspect uniforme.

6. Termine en découpant l'excédent de pâte à sucre avec un couteau pointu.

Comment faire un effet matelassé sur un gâteau recouvert de pâte à sucre ?

Avec un embosseur spécifique que tu peux facilement trouver sur Internet

1. Réalise le matelassé dès que tu as recouvert le gâteau, sinon la pâte sera sèche et cela ne fonctionnera pas. Pars du haut du gâteau et appuie légèrement avec l'embosseur en épousant l'arrondi du gâteau pour imprimer le motif. Reprends les raccords, là où les motifs des losanges finissent.

2. Avec un pinceau, mets une pointe d'eau au milieu du croisement des losanges et enfonce u ne perle en sucre au centre.

Comment faire un nœud en pâte à sucre ?

1. Étale la pâte à sucre. Découpes-y trois grandes bandes de pâte de même taille, assez larges. Découpe ensuite une dernière bande, plus courte et moins large.

2. Coupe en deux une des trois grandes bandes et dessine des pointes sur une extrémité.

3. Replie sur elle-même les deux grosses bandes et fronce les extrémités.

4. Coupe les extrémités pour avoir des bords propres.

5. Badigeonne les deux extrémités avec un peu d'eau ou de la colle alimentaire.

6. Soude les deux boucles aussitôt.

7. Recouvre la « soudure » avec la plus petite bande de pâte à sucre et joins les extrémités au dos du nœud.

8. Laisse sécher à l'air libre 3 à 4 heures.

Comment faire rapidement une rose en pâte à sucre ?

1. Étale la pâte à sucre. Découpes-y des petits cercles de 3 cm de diamètre.

2. Superpose les cercles dans la longueur en les collant entre eux avec un peu d'eau ou de la colle alimentaire.

3. Manipule la bande de cercles délicatement.

4. Enroule-la sur elle-même.

5. Écarte un peu les « pétales » pour obtenir un joli rendu.

Mes indispensables

rouleau à pâtisserie
colorants alimentaires
fouet
poche à douille
batteur électrique
pâte à sucre
emporte-pièce
balance
bol
cuillères à soupe et à café
bâtons de sucette
papier film
ramequins
moules à gâteaux
moules à cupcakes
maryse
papier cuisson

Lexique

Beurre mou ou beurre pommade :
beurre laissé à température ambiante ou passé quelques secondes au micro-ondes. Le beurre doit être MOU et surtout pas fondu

Chemiser un moule :
beurrer le moule et saupoudrer ensuite de farine

Clarifier les œufs :
séparer les blancs des jaunes

Combien pèse un œuf ?
20 g de jaune et 30 g de blanc

Les différentes douilles :
lisse, étoile, cannelée

Une maryse :
une spatule ou maryse est un ustensile de cuisine servant à racler le fond des récipients

Laisser croûter :
laisser sécher à l'air libre

Macaronner :
travailler la pâte à l'aide d'une spatule pour la rendre lisse et brillante

Candy Melts® :
pistoles de chocolat colorées en vente sur Internet

Index alphabétique des recettes

Table des pas à pas

Remerciements

L'auteur

Merci à Kitchenaid pour leur investissement dans ce projet et à Miss Zabaldu pour la création de nos tabliers.

Merci à toute l'équipe de Solar pour avoir cru en moi et m'avoir aidée à concrétiser ce projet fou.

Un immense merci à ma famille et mes ami(e)s qui me sont toujours d'un grand soutien dans cette nouvelle aventure.

Merci à mon mari qui m'a toujours poussée à croire en mes rêves.

Une douce pensée pour mon grand père Péchou qui gardait précieusement tous mes articles de presse et qui aurait eu grand plaisir à feuilleter ce livre.

Le photographe

Merci à Tess Radvaner pour m'avoir assisté pendant les prises de vues.

Merci à Chloé Perrot Josso pour son beau stylisme.

La styliste

Merci à la Manufacture de Digoin pour son prêt d'accessoires.

Toutes les photos sont de Bernard Radvaner / Stylisme de Chloé Perrot Josso, sauf les photos des pages 62 et 111 de Valéry Guedes et Motoko Okuno.

Directeur éditorial : Didier Férat

Édition : Diane Monserat

Conception graphique et mise en page : Joséphine Cormier pour *lafabriquegraphique.fr*

Fabrication : Laurence Duboscq

ISBN : 978-2-263-15035-7

Code éditeur : S15035/10

Dépôt légal : octobre 2017

Imprimé en France par Pollina - 85061

FSC www.fsc.org MIXTE Papier issu de sources responsables FSC® C003309